イギリス・オポジションの研究

政権交代のあり方とオポジション力

イギリス・オポジションの研究/目次

まえがき ……………………………………………………………… 7

序　章　イギリス主要政党のオポジション力と政権交代 …………… 13
　1．オポジション力とは何か……13
　2．オポジション力の諸要素 (1)：党外状況……14
　3．オポジション力の諸要素 (2)：党内問題と党首の役割……18

〔第1部〕　オポジションの思想と歴史

第1章　名誉革命体制の展開とオポジション……………………… 29
　1．問題の所在……29
　2．名誉革命体制初期の政府と議会……31
　3．ウォルポール時代の政治社会と党派状況……36
　4．ウォルポール時代の党派論とボリングブルック……41
　5．結びにかえて……48

第2章　初期労働党のオポジション化プロセス …………………… 55
　1．はじめに……55
　2．ロイド＝ジョージ連立内閣の瓦解とその意義……56
　3．第一次マクドナルド内閣成立をめぐる主要政党の動向……62
　4．第二次ボールドウィン内閣期の「野党」労働党……68
　5．おわりに……75

〔第2部〕 現代オポジションの実際
　　　　：「生来の統治政党」保守党の事例

第3章　1997年総選挙と保守党オポジション力の危機 …………85
　1．はじめに……85
　2．総選挙と党内対立に見るオポジション力危機の現状……86
　3．ポスト・サッチャー期におけるオポジション力衰退の構図……94
　4．おわりに……100

第4章　保守党のモダニゼーション：オポジション力回復に向けて…104
　1．はじめに……104
　2．「21世紀の政党」に見るモダニゼーションの課題……105
　3．党首選挙制度改革をめぐる党内対立の性格……111
　4．オポジション力回復と保守党モダナイザー……115
　5．結びにかえて……118

第5章　オポジション・メンバーの政治観と保守党 …………124
　1．序　論……124
　2．現代イギリス保守党員の保守党観……125
　3．最近の党首選挙結果に見る保守党員の実態……131
　4．結　論……140

〔第3部〕 オポジションの理論と視点

第6章　保守党「オポジション力」を見る眼
　　　　：政治的マーケティングと党首選出プロセス …………149
　1．はじめに……149
　2．オポジション力の基本的構図と政治的マーケティング……150

目次

　3．政治的マーケティングに見る保守党オポジション力の現状……156
　4．保守党オポジション力の課題と党首選出プロセスの問題点……161
　5．おわりに……169

終　章　イギリス政治の要諦としてのオポジション　……………176
　1．イギリスの政治史とオポジション……176
　2．イギリスの政治文化に見るオポジションと日本……179

　　　　　　　　　　　　　　　　　　　　装幀　比賀祐介

まえがき

「オポジション」とは何か。
　手許の英和辞典（研究社　新英和大辞典・第6版）を引いてみると、次のような意味が眼に入ってくる。

　　opposition：
　　　　1　抵抗、反対、障害、妨害
　　　　2　敵対、対抗、対立、対立状態

しかしもう少し読んでいくと、このような意味も登場する。

　　　　3　a ［しばしばthe O-］反対党、野党：
　　　　　　His［Her］Majesty's *Opposition*（英国の）野党／……

　このようにイギリス政治の世界で「オポジション(the Opposition)」という場合、それは主として「野党（陛下の反対党）」を意味することがわかる。
　しかしながらイギリスでは、与党以外の政党（野党）すべてが「真のオポジション」というわけでもなさそうである。例えば、イギリスの政治学用語辞典 Bill Jones, *Dictionary of British politics* (Manchester University Press, 2004) によれば、「議会で二番目に多く議席を有する政党(the second largest party in parliament)」こそオポジションであると説明されている。したがって、イギリス庶民院（下院）で「一番多く議席を有する政党」が「（政府）与党」であるとするならば、本書の研究対象となる（狭義の）オポジションは「国政第一野党」を指すといえるであろう。
　また主要政党二つのうち、総選挙という「競争」に敗北した側をオポジションと呼ぶのであれば、イギリスのそれは単なる国政第一野党とも異なって

くる。つまり総選挙に敗北するまでは与党でもあり、総選挙敗北後も数年先の総選挙勝利・政権奪回を目指すことのできる国政第一野党こそ、真のオポジションなのである。そうした意味で真のオポジションとは、「潜在的政権政党」ないし「責任野党」であるといってよい。

こうしてみると現在の日本では、国政地方政治を問わず「真のオポジション」が完全に定着しているとはいい難い。独特のオポジションは何故イギリス政治に定着していったのか。そして何より、将来の日本政治にイギリス流オポジションは定着し得るのであろうか。このような問題意識が本書執筆の主な動機となっている。これらのテーマに関する結論は本書の終章で、あらためて示すことにしたい。

本書はイギリス型民主政治を支えるオポジションについて、①その思想と歴史、②その実際（あるいは現状と課題）、③その現代的な理論および視点という三つの角度から分析した内容である。さらにイギリス・オポジションの考察を通じて、政権交代や与野党のあり方を考えることも本書の狙いといえる。それゆえ本書の位置づけは、イギリス・オポジションに関する研究の基礎篇（出発点）ということになる。

本書を構成する各章（論文）は、それぞれ別の機会に執筆したものである。序章（その一部分）、第1章、第2章および終章は、本書執筆のため書き下ろした。序章の残り部分ならびに第3章から第6章は、既に学内紀要あるいは学会報告というかたちで公表した内容を本書のテーマと構成に合わせて加筆、修正したものとなっており、それぞれの初出は以下のとおりである。

- 第3章　「一九九七年総選挙とイギリス保守党の危機——党再生の手がかりを求めて」（『政経研究』第39巻　第1号、日本大学法学会、平成14年7月）。
- 第4章　「イギリス保守党の近代化——二〇〇五年党内改革計画の意義を中心に」（『政経研究』第42巻　第3号、日本大学法学会、平成18年1月）。
- 第5章　「イギリス保守党員の保守党観と選挙政治」（『政経研究』第43巻　第3号、日本大学法学会、平成18年12月）。

・序章（一部）および第6章「イギリス保守党の『オポジション』力：その現状と課題」（平成20年度　日本政治学会研究大会分科会B6　報告論文、平成20年10月）。

　序章では、イギリス主要政党の「オポジション力（りょく）」という独自の概念を提唱し、その諸要素について簡潔に紹介した。特に現代オポジションにおける「党首」に焦点を当てて、イギリス国政第一野党のオポジション力とは、政権構想力に裏づけられた「政権奪回力」として位置づけられるべきだと主張した。さらにそれを支える柱として政権意欲、適応性そして党独自の政策立案能力の制度化と機能化を強調している。

　オポジションの思想と歴史を考察した第1部（第1章、第2章）は、オポジションという考え方が、イギリスでいつごろから始まり定着していったのか。そしてポスト名誉革命期における議院内閣制、政党システムの発達とともにオポジションがどのようにイギリス議会政治に根づいていったのか。さらには、現在の労働党が20世紀初頭において何故、どのように制度として「オポジション化」していったのかを検討している。特に第1章（ならびに終章）では、18世紀から19世紀にかけて「オポジション」という考え方が登場した政治史的背景を探究している。そしてイギリス的国家構造（憲法）の根底に潜む一種のダイナミズム、端的にいえば法的政治的「寛容」の定着と、「イギリス特有の伝統的国家構造（憲法）志向態度」こそ、オポジションならびにオポジションという考え方の発展する契機となったことが解明されている。また第2章では、老舗の二大政党とりわけ保守党（政権政党）がイギリス国家構造上の必要性から、さらにその党内戦略の一環として、生まれたばかりの労働党（対抗政党）を結果的にオポジションとして「養育」することになったという側面とその経緯を明らかにした。これらの点は、特にわが国ではあまり知られていない。

　第2部（第3章、第4章、第5章）では、現代オポジションの現状と課題について、1997年以来野党の地位に甘んじていた保守党を題材としながら、主

に三つの側面から検討を加えた。第3章は、1997年総選挙で「地滑り敗北」を喫したブレア時代前期の保守党が、もはやオポジションですらなくなっている状況に注目している。第4章は、総選挙連続敗北と政党としての「周辺化」に苦しむ当時の保守党の現代化（モダニゼーション）に焦点を当てて、真のオポジションとして復活していこうとする努力の跡を扱った。第5章では、真のオポジションとして復活し始めた2005年以後の保守党員の政治意識や党首観、保守党観を独自のアンケート調査から明らかにしている。このアンケート調査は規模の面で不十分な点があることは否めないが、この種の調査としてはおそらくわが国で初めてのものではないかと思われる。これらの考察から、一政党としてその過去の栄光や成功体験との訣別がいかに困難であるかということ、現代オポジション（特に保守党）における党首とその「選ばれ方」の重要性、保守党員の政治的リアリズムの意義ならびに保守党員に対する従来的イメージを払拭する必要性などを指摘している。

　そして第3部（第6章）は、イギリス保守党のオポジション力を「政治的マーケティング」という新たな視点で現代的理論面から捉えなおしたものである。ポスト・ブレアのイギリス政治における政治的マーケティング革命の意味についても検討した。それを踏まえてイギリス保守党のオポジション力が衰退し、その回復に手間取った最大要因に関しては、党首による「市場志向政党化」の試みも党内要素とりわけ「党首選出プロセス」または「党内デモクラシー」によって妨害される可能性が高いという現状を重視している。

＊　　　　　＊　　　　　＊

　なお、筆者自身の研究テーマがイギリス保守党であること、1997年以来本書執筆時に至るまで保守党が一貫して国政第一野党であったこと、そして日英両国において労働党より保守党のほうが研究されてこなかったということ、こうした諸般の事情から本書の内容については保守党にウェイトを置く結果となってしまった。また、オポジション研究の応用篇ともいうべき「影の内

まえがき

閣とその機能」、「オポジションと官僚制の関係」に関する詳細な検討という課題も残されており、今後の研究課題としていく所存である。

　最後になったが、本書の執筆、刊行にあたり時潮社の相良景行氏には大変お世話になった。記して謝意を表したい。

　2009年7月

　　　　　　　　　　　　　　　　　　　　　　　　渡辺　容一郎

序　章　イギリス主要政党のオポジション力と政権交代

1．オポジション力とは何か

　自由に競合する政党システムのなかで制度化され、代替政権としても広く認知された政治組織こそ、イギリスのオポジションである。それは単なる野党とは異なり、「責任野党」もしくは「潜在的政権政党」ともいうべき性格を持つ。それゆえ、元与党としての統治経験のほか、将来の与党としての適性もオポジションには不可欠となる。そうした潜在的政権政党としての広範な能力や機能あるいはパフォーマンスを、「オポジション力（Opposition Performance）」(1)と名づけることにしたい。

　イギリス「多数派支配型」民主主義は「ウェストミンスターモデル」とも称される。レイプハルト（Arend Lijphart）によると、それは（例えば下院の）「ぎりぎりの過半数に政治権力を与えることに焦点を置き、……過半数ではなく相対多数である場合もある……排他的、競争的、敵対的」(2)なスタイルである。そのため主要政党間の競争と（議会という枠内での）敵対を基調とするイギリス流議院内閣制では、「ガヴァメント　対　オポジション」という図式がとりわけ定着しやすいのであろう。

　ところでイギリス主要政党（保守党と労働党）のオポジション力という場合、大雑把ではあるが、およそ二つの意味を持つのではないかと思われる。

　その一つめは、「制度上・形式上」の意味においてである。周知のようにイギリスでは、二つの主要政党のうち総選挙に敗北した側が自動的に国政第一野党の指定席に座り、いわゆる影の内閣（Shadow Cabinet）の下に団結して政府与党と対峙する。したがって、この場合のオポジション力には、対政府与党を前提とした政策チェック力、党首論争力、そして代替政策提案力などが含まれることになる。

しかしながらオポジション力とはいっても、このような側面はイギリスの主要政党であれば、総選挙の結果次第で制度上いつでも「自然にそうなる」性質のものといってよい。換言すれば、イギリスにおける国政第一野党としての「通常の役目」といった程度のことにすぎないのかもしれない。制度的に「女王陛下の政府に反対すること」も、イギリスの民主政治では重要な役割となる。しかしいうまでもなくイギリスの主要政党は、この役割を目標として総選挙を戦っているわけではない。

そこで、イギリスのオポジション力に関する二つめの意味として、「実質上・機能上」の側面を強調する必要が出てくる。この場合のオポジション力とは、まさに与党になるための準備としての機能であり、常に「努力しなければならない」側面だといってよい。政権獲得の努力を怠った場合、もはやその政党はオポジションですらなく、与党以外の文字どおり「野党」ということになる。政府与党に抵抗し反対するだけの、単なるマイナーパーティーという位置に転落する危険性も伴う。当然本書における議論の中心は、二つめの意味でのオポジション力ということになる。したがって、オポジション力とは政権交代の可能性を視野に入れた、政党の「政権構想力」であり、また具体的な「政権奪回力」として位置づけられなくてはならないのである。

2．オポジション力の諸要素(1)：党外状況

本書におけるオポジションとオポジション力の中核は、定期的な政権交代（の目標と可能性）を前提とした政権奪回力である。イギリスの国政レベルではドイツのように連立政治が常態化しているわけではないので、連立内閣形成協議のための交渉力は政権奪回力にほとんど含まなくてよいかもしれない。基本的には前述した多数派支配型民主主義、単純多数得票主義の選挙システムを通じて、なるべく単独で下院の過半数議席を勝ち取る力といい換えることもできるであろう。

イギリス政党政治を歴史的文脈から研究しているボール（Stuart Ball）によれば、野に下った主要政党の政権奪回は、大きく分けて「党外状況」と

「党内問題」の影響を受けやすいとされる。後述する党内問題は野党自らその方向性を決定づけることも可能である。一方党外状況も世論と直接結びついており、また与野党の立場と士気にも変化をもたらすため、野党にとって政権奪回のターニングポイントになりやすい。しかし同時に、野党自身では予想もコントロールも不可能なケースが多い要素ともいえるのである。[3]

ボールは党外状況の諸要素について以下の7項目を指摘しており、実際にはそれらの相互作用で発現すると主張している。

① 政府与党のパフォーマンス

オポジションの側からすれば、一番根本的な要素として位置づけられている。与党としての困難を野党が利用する機会になるからである。その代表的な事例として、首相（与党党首）の交代が挙げられる。もっとも1990〜92年の保守党（サッチャーからメージャーへ）や2007年の労働党（ブレアからブラウンへ）のケースのように、支持率の低下した与党にとってつかの間の劣勢挽回をもたらす——与党側に有利に作用する——こともある。さらに加えて、閣内不統一や与党内分裂、例えばいわゆる人頭税など党内分裂を生じさせるような不人気政策の採用、スキャンダル、大災害、政策の失敗という認識の広まり、勢いの喪失、そして与党期間が長引くことによって生じる「変革の時だ」という感情の高まりなどが挙げられている。これらがすべて、メージャー（John Major）保守党からブレア（Tony Blair）労働党への18年ぶりの政権交代（1997年総選挙結果）に、何らかのかたちで貢献したことは間違いない。

② 経済状態

①の政府与党の困難とも関係している。いうまでもなくインフレや失業の増加、労使関係の悪化などによってあらわれる。1929年の世界恐慌、1970年代前半のオイルショックなどに伴う世界同時不況などは、特に政府与党に対してマイナスに作用した。最近ではアメリカのサブプライムローン問題に始

まり、「リーマンショック」に象徴される一連の世界金融危機と、それに伴う世界的な不況の影響などが記憶に新しいところである。

　1930年代のイギリスでは、世界恐慌を乗り切るため挙国一致内閣——第三次マクドナルド（James Ramsay MacDonald）内閣など——が形成された。また1974年（2月および10月）の総選挙で労働党は政権奪回・維持に成功したものの、いずれも第一野党保守党との議席差がわずか——2月総選挙時…4議席差、10月総選挙時…42議席差——しかない比較的不安定な内閣形成を余儀なくされた。そして低迷する経済状態に対し有効な対策をたてられなかった労働党政府は、1979年総選挙で新自由主義に基づく解決を標榜したサッチャー（Margaret Thatcher）保守党に敗北し、以後18年間野党の座に甘んじることとなった。

③　総合的な「国家の状態」に関する国民の認識

　治安の悪化、政治制度の有効性や正統性に対する信頼、ガヴァナビリティや社会的安定などに関する有権者の認識のことである。具体的な事例も数多くあるが、その一方で国民の側から見ると「何となく」この国が悪い方向に向かっているような……ぼんやりとしたイメージというケースも多い。最近のわが国でいえば消えた年金、事故米や食の安全、二度にわたる首相の政権投げ出しなども、広い意味ではこれに該当するといえる。

④　国際的危機の効果あるいは国防に対する外国からの脅威

　政府与党にとっては、さほどそのコントロールの及ばない問題でもある。しかし同時に国民を一時的にせよ一致団結させ、国内のさまざまな不満から眼をそらす効果もある。イギリスでいえば、サッチャー政権1期目（1979〜83年）は与党の次期総選挙勝利がやや疑問視されていた。しかし突然アルゼンチンから生じたフォークランド紛争（1982年）とその勝利の影響で、1983年総選挙に勝利を収めることができたといわれている。逆に紛争解決に失敗していれば、政権維持どころではなかったであろう。

⑤ 政府に敵対的な知的傾向

これは、上述した①から④に関する失敗の結果として生じる傾向にある。政府に批判的もしくは政府の方針に共鳴できないメディアを通じて反映される。「自由経済と強い国家」を掲げたサッチャー保守党政権の登場は、1970年代における戦後コンセンサス政治の行き詰まりと、それに固執してきた従来的な保守党労働党のあり方に反対する知的傾向の勝利でもあった。1997年のブレア労働党と「ニューレイバー」も同じ文脈で理解することができる。

ちなみにイギリス保守党研究の泰斗で歴史家のブレーク（Robert Blake）は、与党の総選挙敗北はまずその主要政策に対する国内知識層の離反から生じ、その後一定の時間を置いて選挙民にもそれが伝わった結果であるという趣旨のことを述べている(4)。

⑥ 第三政党の役割

単純多数得票主義（小選挙区制）のイギリス総選挙において第三党——現在では自由民主党——が単独政権を形成する可能性はない。しかし、何らかの状況次第では二大政党間の緩衝材になる機会が出てきても不思議ではない。1977～79年当時の不安定な労働党内閣の下では、第三党（国政第二野党）の自由党が下院のバランサーになり得た。

⑦ 選挙制度のあらゆる改革

もちろんゲリマンダリングは論外であるが、例えば下院の議席再配分は1983年総選挙などでの保守党勝利に貢献したともいわれている。また、一連の選挙法改正（選挙権の拡大）が19世紀以来保守、自由両党の党略や党争によってある程度実現されてきたことも否定できない。

このように党外状況は、野党側から見ると政権奪回の原動力となり得る。特に政府与党の混乱は、オポジションとしての能力の復活とアピールの場を

提供するからである。潜在的政権政党として次期総選挙に勝てる能力を、さらに政権担当能力があることを立証するには、信頼できる党首の下に団結し、大半の選挙区に公認候補者を擁立して、大半の有権者にとって悪くない一貫した政策をつくることにあることはいうまでもない。⁽⁵⁾

3．オポジション力の諸要素(2)：党内問題と党首の役割

次に党内問題に触れてみよう。これは下野したその政党自らの努力で、リフレッシュやリニューアルが可能な領域である。それゆえ党外状況以上に根本的な課題であり、党外状況を巧みに活用するためにも必要不可欠となる。したがって党内問題への取り組みは、党外状況を応用した政権奪回力に先立つものであり、またオポジション力をさらに根底から支える「政権構想力」として位置づけることも可能だと考えられる。

野党としての具体的な党内問題改善の方法ならびに必須項目として、前述したボールは以下の5点を指摘している。⁽⁶⁾

① Fresh Faces
特に世代交代という感覚を重視した新党首、もしくは新執行部の登場。

② Cohesion
目的意識や有効性伝達のうえで不可欠な、党内団結と規律の維持。

③ Visibility
過去の不人気な政策や遺産に対して一定の距離を置き、新しいアジェンダを設定して注目されること。党内エリート、世論形成、実行のためのコミュニケーションが必要だとされる。

この点については、本書の第6章で詳しく触れる「政治的マーケティング (political marketing)」論と、その視点に基づくオポジション力回復の試み、すなわち下野した政党の「市場（マーケット）志向政党化」という捉え方と

も関連してくると思われる。

④ Efficiency
党組織の改良や、必要に応じてスピードと権威を伴って反応できるようになること。

⑤ Adaptability
政権への欲求と、国内外で起きた現実的諸問題へのプラグマティックかつ非イデオロギー的な対応に基づく適応性や融通性。

これらの五つは、ボールによると政権奪回に向けてオポジションがベストな戦術的位置に陣取る方法ということでもある。彼の考え方にしたがうと、党内問題改善とそれに伴う政権構想力のポイントとして、〈党組織・党政策・党首〉の三つがキーワードになっていることがわかる。換言すれば、野に下った政党のオポジション力の要諦すなわち政権奪回力をさらに土台から支える政権構想力の諸要素は、党組織、党政策、党首ということでもある。

そこで今度は、オポジションに必要な政権構想力の三つの要素について概観してみることにしたい。

a 党組織
これら三つのなかでボールが最も低い位置づけを与えているのは、「党組織」改革である。党勢復活の原因であると同時にその結果でもあり、三つのうち世論に直接影響することが一番少ない領域だからである。次期総選挙マシーンとして機能するためには、与党時代に「錆びついた」党組織を野党時代に分解修理するしかない。しかし最近の選挙では、従来的な党組織と党員に依存したいわば「昔流の」選挙キャンペーン――例えばイギリス伝統の投票依頼活動（canvassing）など――よりも、「スピン・ドクター（spin doctor）」を中心とした「党首イメージ」づくりやメディア戦略のほうにウェイ

トが置かれるようになってきたこと（選挙プロフェッショナル政党化）も周知の事実である。また全国的な草の根党員の人数も、例えば保守党では100万人以上といわれた時期もあったが、現在ではその3分の1にも充たなくなっている。現代政党（組織）の変容を視野に入れた場合、オポジション力回復のため党組織改革は不要とはいえないが、それだけで済む問題ではなくなりつつあるといえる。

　b　党政策

　この点についてボールは、政策転換こそ野党としてのバイタリティや活発さの誇示につながるとして、まず総選挙敗北の一因ともいうべき「不人気な業績の遺産から訣別すること」が大切だと述べている。さらに「与党との特別な違いを示すことで、正真正銘のオルターナティブとして次期総選挙で認識されるようになる」としている。[8]

　確かに1951年のチャーチル（Winston Churchill）保守党、1979年のサッチャー保守党、1997年のブレア労働党は、いずれもそのようにして政権に返り咲いた。しかし与党との特別な違いを政策面で打ち出すことに執着した結果、サッチャー時代の労働党（非現実的な左傾化）やブレア時代の保守党（ポピュリズム的な右傾化）のように、まったく逆効果となる危険性が伴うことも否定できない。とりわけ1980年代以降の二大政党に関しては、下野したとたん、政権与党時代の現実的な政策路線に対する反動からか、党内イデオロギーに執着する「内向き路線」的党内勢力が台頭する傾向すらある。

　それゆえ、ボール自身も認めるように、下野した直後はオポジションとして様子を見るためにも、とりあえず用心深い政策対応にウェイトを置くべきだといえるのかもしれない。

　c　党首

　現代の政党政治においてオポジションの立場から政権奪回あるいは政権構想の可能性を考えるとき、最も重要な役割を果たし、かつ一番世間の注目を

集めやすい要素が「党首」となる。特に党全体のイメージ創造との関連上、党首にかかわる項目として、「党首交代」と「現役党首の広範な側近集団に関する事柄」が重視される。ボールによると前者は、常にうまくいくとは限らないが、野党の行為として一番有権者に注目されるし、いくつかの点でフレッシュなスタートを切る効果もある。それゆえ少なくともPRポイントにはなり得るとされる。また、後者も党に対する公的イメージの形成や、党に対する認識と結びつくことが多い(9)。

　野党を率いる「党首」のリーダーシップは、オポジション力を構成する「政権構想力」や「政権奪回力」両方にとっての一つの「核」になるといえる。選挙キャンペーンが人格化したり、無党派層が増大したり、あるいはテレビの果たす役割が従来とは比較にならないほど大きくなった現代政党の諸活動と戦略において、それらの決定的な要となるのは、まずもって党首だからである。

　その点についてボールは、野党としての再出発において党首が選択すべき二つのアプローチ――「アクティブな（active）」アプローチと、「リアクティブな（reactive）」アプローチ――を強調している。もっとも両者に共通する戦略上の問題点として、政府与党の提案した政策に人気がある場合、オポジションとしてどのようにその政策に対応するのかという点が挙げられるであろう。

　「アクティブな」アプローチについて見てみると、イギリス型政党システムである以上、オポジションとして取るべき方向性について、「専ら自党のアイデンティティとプログラムを強調するべきか」、それとも「中間層を獲得するため合意重視のイメージを示すべきか」というジレンマに保守党労働党を問わず引きずり込まれることになる。しかしオポジションを率いることになった新党首がこの「アクティブな」アプローチを取ろうとすると、結局どの政党であれ以下の選択を迫られることになる。すなわち、

　①　党の「中核をなす価値」に集中するか。

② その党内で最も口やかましい（vocal）支持者たちの見解を表明するか。
③ イメージや見解の豹変だと非難されても、そのアピールと支持基盤の拡大に重点を置くか。

　ブレア労働党や現在のキャメロン保守党は、③の道を選択した。ところが党内からの反対も根強く、むしろ下野した直後の場合、近年では①や②の選択肢のほうが新党首としては採用しやすい面もあるのではないかと考えられる。しかしそれではオポジション力の回復から、ますます遠ざかってしまうことはいうまでもない。

　他方で「リアクティブな」アプローチは、責任あるオポジションとしては一見消極的なようにも見える。せいぜい与党の士気と人気をくじく程度のことしか行わず、日和見路線に終始したりするアプローチである。ボールによるとそのアプローチの主眼は、「野党が選挙に勝つのではなく、与党が（勝手に）負けるのだ (oppositions do not win elections, governments lose them)」という金言を忠実に守るということになる。

　1940年代後半の野党党首としてチャーチルは、準備が整うまでは「提案」より「反対」することを優先する「リアクティブな」アプローチのほうを意外にも重視した。そのためどちらかといえば「アクティブな」アプローチ「不要論」または「有害論」の立場であったという。[10] つまり与党の人気と支持率が高くなっている政権スタート時に、わざわざ無理して積極的な政府攻撃を仕掛けるのは得策ではない。それよりも日ごろから政権構想力強化とその準備を怠らず、そして与党の人気が下がり政権奪回のチャンスが来たと判断したら、一気にアクティブなアプローチに転じるべきだということを意味しているのであろう。オポジションとして成功するための経験則という点で、チャーチルのこうした見解も実に興味深い。

　以上、ボールの見解などを中心にイギリスにおけるオポジション力と、そ

序　章　イギリス主要政党のオポジション力と政権交代

れを支える環境や諸要素、さらには政権交代のあり方について概観してきた。

　ここから、オポジションの存在と役割を当然視するいわば「イギリス的政治観や政治文化」の奥深さに気づく。やはり、逸早く議院内閣制を生み出してきた歴史的経験が大きく影響していることは間違いないと思われる。それに対して、戦後本格的かつ定期的な政権交代をほとんど経験してこなかったわが国では、野党のあり方や政権交代のメカニズムについて理解し分析しようとする「風土」そのものが、実際政治はもちろん学問上においても乏しかったといわざるを得ない。

　それでもようやくわが国において、マニフェスト（manifesto）選挙とか党首力などが認識されるようになってきたのも疑い得ない事実である。それゆえ、イギリス的な意味での「オポジション」あるいは「オポジション力」という観点から、もう一度、わが国における与野党の現状と課題を見つめなおしていく努力が、ますます必要になっているといえよう。

　最後に、真のオポジションとオポジション力を理解したり評価したりするための視点として、以下の三つを挙げることにしたい。

① 　政権意欲（hunger for office）
② 　適応性（adaptability）
③ 　（上の二つを具体的かつ構造的に支える）党独自の政策立案能力の制度化と機能化

　第6章でも触れるが、①と②は19世紀後半からおよそ20世紀全般を通じて保守党が「生来の統治政党（the natural party of government）」を自任することができた理由を解くカギとなる。同党の伝統的体質的『秘密兵器』ともいうべき特質である。ゆえにイギリス主要政党の「オポジション化」を評価する指標として、かつての自由党や現在の労働党にもそれなりに当てはめることができると思われる（この二つの伝統を、サッチャーおよびメージャー時代に保守党が失っていったとする見解については、第6章であらためて触れる

ことにしたい)。

　①は、文字どおり政権を奪回しそれを少しでも維持しようとする、政党全体としての「活力」のようなものである。具体的には例えば魅力的で実効性ある新たな政策綱領の作成などが挙げられる。したがって、単なる野党（マイナーパーティー）と真のオポジション（責任野党）とを区別する最低限の指標ともいえる。

　②は、ボールの指摘にもあったように、①に基づいて内外の諸問題を柔軟かつ非ドグマ的に処理できる能力、順応性を指す。別の見方をすれば、政党の理念（理想）と現実との間のギャップが小さくない場合、後者を重視して理念を少しでも現実に近づけようとする努力や能力ということでもある。

　そしてそれらに加えて③の視点を指摘する必要があると思われる。これは、①と②を具体化するうえで欠かせない手段である。換言すれば、野党期にも作用する党政策立案形成マシーンの整備と運用といってよい。最近の変化がどうであれ、政党とは基本的には政治的「組織」だからである。また、周知のようにイギリスでは与野党を問わず党としての綱領のほか、マニフェスト（政権公約）がきわめて重要な意味を持つ。それゆえ、政策関連の党文書を作成したり公表したりする機会が日本よりはるかに多いからである。よって③は、政権構想力の具現という点からも大きな役割を担うのである。

　さらにつけ加えると、特に上記二つの土台となるのが「院内政党（下院議員集団）」である。また上記三つを総合的に束ねる「核」こそ、党の顔ともいうべき「党首」とその責務だと思われる。そうした意味で現代のオポジションないしオポジション力について検討する際、何よりもまず、「党首」という存在あるいは「党首の選出方法・党首選出システム」の分析から出発してみるのが最適といえるであろう。

　いずれにしても健全な民主政治に、健全な野党が不可欠なのはいうまでもない。イギリスにおける健全な野党とは政府与党に匹敵する責任野党、具体的には潜在的政権政党としての「オポジション」を指す。しかし、たとえ潜在的政権政党といえども、そのオポジション力が不十分であれば、真のオポ

ジションとはなり得ない。したがって「オポジション力」の中身と、それに影響を及ぼす諸要素を理解したうえで、イギリス政党政治の本質にアプローチしていかなくてはならないのである。

註

（1）「オポジション力」という概念について本書は、'Opposition Performance' という用語を意識している。Performance という単語の動詞形 'perform' には、「(任務や機能を)果たす、実行する」という意味がある。そのため、オポジションとしての任務の履行、遂行能力あるいは性能という側面を重視して、オポジション「力」と名づけた。

（2）Cf. Arend Lijphart, *Patterns of Democracy : Government Forms and Performance in Thirty-Six Countries,* 1999.（粕谷祐子訳『民主主義 対 民主主義 多数決型とコンセンサス型の36ヶ国比較研究』勁草書房、2005年を参照）。

（3）Stuart Ball, "Factors in Opposition Performance : The Conservative Experience since 1867", in Stuart Ball and Anthony Seldon (eds.), *Recovering Power The Conservatives in Opposition since 1867,* 2005, p. 2.

（4）Cf. Robert Blake, *The Conservative Party from Peel to Thatcher,* 1988.

（5）S.Ball, *op. cit.,* pp. 2-4.

（6）*Ibid.,* pp. 4-5.

（7）*Ibid.,* pp. 13-14.

（8）*Ibid.,* pp. 10-11.

（9）*Ibid.,* pp. 5-6.

「党首交代」によっても党勢回復につながらず、逆にオポジションとしてネガティブなイメージを世間に与えてしまったのが、ブレア時代の保守党党首——特にヘイグ（William Hague）、ダンカンスミス（Iain Duncan Smith）——であったことも記憶に新しい。

（10）*Ibid.,* pp. 7-9.

（11）Anthony Seldon and Peter Snowdon, "The Barren Years : 1997-2005" in S. Ball and A. Seldon (eds.), *op. cit.*, p. 244.

第 1 部

オポジションの思想と歴史

第1章　名誉革命体制の展開とオポジション

1．問題の所在

　周知のようにリンゼイ（Alexander Dunlop Lindsay）は、1929年に公刊された名著 *The Essentials of Democracy*（永岡薫訳『民主主義の本質――イギリス・デモクラシーとピュウリタニズム――』未来社、1971年）のなかで、民主主義の条件として「同意（consent）」より「討論（discussion）」を重視した。リンゼイによれば、自発的に組織され、しかも公認された反対党の存在こそ、換言すれば意見の不一致や批判を許容することが近代議会政治の理想像となる。現在でもイギリス議会政治の要諦は、こうした反対党の役割を前提とする討論および政権交代に求められるといってよい。翻訳の労をとられた永岡薫氏も、その訳者あとがきにおいて、「《討論》というきわめて現実的な原則を中心として展開されているリンゼイのこうした見解には、イギリス民主主義の重厚な歴史的経験と無関係には考えることのできない卓越性があるものとみて、けっして間違いない」[1]と評しておられる。

　イギリス型民主政治の制度的土台が、多くの場合歴史的積み重ねによるものであることはよく知られている。では「オポジション」という考え方は、いつ、どのようなかたちでイギリス政治の世界に登場したのであろうか。また、その文脈や背景からわかることは何であろうか。これら二つの問題点を明らかにすることが本章の目的となる。

　ちなみに、「反対党」の意味で「オポジション」という言葉が出現した時期については、イギリスでは比較的知られているようである。例えば、『ディースターヴェーク／ロングマン　英米制度・習慣事典』（日本語版、中島文雄編）秀文インターナショナル、1979年、134頁は、「Opposition（野党）」という項目で、次のように説明している。

第1部　オポジションの思想と歴史

　政権担当中の党に反対する政党、1704年。ボリングブルク子爵（Viscount Bolingbroke, 1678-1751）は議会反対党の理論を最初につくり出した。また「国王陛下の反対党〔野党〕（His Majesty's Opposition）」という言葉は、1826年に初めて、急進派議員ジョン・ホブハウス（Hobhouse, 1786-1869）によって、しゃれとして用いられた。

　●英国議会における野党は政府自身と同様重要な一つの政治機構である。その重要性は「女王陛下の反対党」という公式の呼称によって示されている。これは野党が合法的で不可欠とみなされていることを示す。1937年以来、野党の党首は国と自党に全力を注ぐことができるように給与が支払われている。……
　野党は、議長の左側に着席する。最前列の席を占める党の指導的メンバーは、影の内閣を形成する。……政府と野党のこのような両極性を助長してきたのは明らかに英国の二大政党制度である。自由党や、スコットランドあるいはウェールズ国民党のような少数政党は、政府との連立を組まなければ、女王陛下の反対党の一部でもなくて、「第三政党」と見なされている。
　英国議会における野党は創られたものではなかった。それはきわ立った政党の発展の過程で、また王に比較して議会権力が増大した結果として、発展してきた。現代的な意味における野党は英国では名誉革命（1688）以来存在している（傍点引用者）。

　完全とはいい難いが、イギリス・オポジションの位置づけと発展過程の特質が要領よくまとめられていると思われる。しかしその最初の段落部分については、より詳細な説明と論究が必要であろう。とりわけわが国においては、上述のボリングブルク（ボーリンブローク）とは、いかなる人物で、またどのような経緯でオポジションという考え方の登場に貢献したのか、さほど知られているとはいえないからである。
　そこで本章では、主にボリングブルックが活躍した時代（18世紀前半）のイギリス政治史にスポットを当てる。ちょうど名誉革命体制の確立期に該当するので、当時の政治的文脈と、「オポジション」という観念を出現させた

政治社会的背景とを関連づけることにしたい。同時にイギリスにおける「オポジション」の出発点とその思想面での萌芽期を分析することによって、オポジションのあり方への理解を深めようとするものである。

2．名誉革命体制初期の政府と議会

　「オポジション」という考え方の萌芽とその時期について検討する場合、近代政党の起源というものを避けて通ることはできない。もっともイギリス近代政党の出発点を特定の時期に限定するのは至難の業といわざるを得ない。株式会社や大学とは異なり、誰にでもわかる明確な創立記念日というものが存在しないからである。しかしながらこの点について、篠原一、永井陽之助編『現代政治学入門〔第2版〕』有斐閣、1987年は、絶対主義に対する革命的闘争とその決済のプロセスにおいて成立した、いわば史上初の市民革命（イギリス革命）の申し子こそ近代政党であるとしている。

　同書によれば、このプロセスには二つの大きな注目点があるとされる。第1のそれは、対抗関係の図式上長老派や独立派など「権力への反対派」から出発し、いったんはクロムウェルの独裁というかたちで権力を排他的に掌握するに至ったことである。そしてその後、名誉革命体制の基礎が構築され、暴力での決済に代わる体制内二党制（いわゆるトーリーとホイッグ）が開始された。これが第2の注目点となる。

　周知のように、イギリス革命というこの一連の出来事は、議会主義の確立を目指す市民革命としての性質と、国内的宗教対立の解決という性質とをあわせ持っていた。同時に、近代的労資対立を本格化させた産業革命に先立って行われていることにも注目しなくてはならない。なぜなら「一般に今日の先進諸国の政治体制と政党の民族的性格は……民族的統一、宗教改革（政治の世俗化）、市民革命（政治の民主主義化）、そして産業革命（工業化）が、どのような順序とインターヴァルで、どの程度徹底して遂行されたかによって規定されている」からである。

　したがってイギリスにおける議会制と政党政治との「幸福な結婚」、ある

第1部　オポジションの思想と歴史

いは世俗的かつ国民的性格を有する「体制内二大政党」の成立は、このようなイギリス独特の歴史的条件によるところが大きいとされるわけである。
(6)

　こうした捉え方は、オポジションの性質や登場の背景を理解するうえで、一つの有効な手がかりとなるであろう。つまりイギリスにおけるオポジション観の起源は、イギリス革命の成果「名誉革命体制（Revolution Settlement）」の基本的性格とその初期の展開に求めることができるということになる。そこで、前述のボリングブルックが議会反対党の理論を最初につくるきっかけとなった「舞台」、すなわち名誉革命体制についてまず説明しておくことにしたい。

　立憲君主制（議会における国王）というかたちで成立した名誉革命体制とは、「国王と議会の融合体制」であり、不完全ながらもイギリス近代的統治システムの基礎として位置づけられるのが一般的である。またイギリス革命の主目標たる議会主義確立を実現した同体制の大黒柱は、通例、王権の抑制と政治的自由の保障を文書で確認した「権利章典（Bill of Rights）」にあるとされている。しかしオポジション観を政治思想として考えるならば、「理論化を要請する政治的事実が先行して」いるという見地からも、名誉革命体制と名誉革命実現直後の18世紀政治史（特にその前半期）について、もう少し掘り下げて解明してみる必要がある。
(7)

　18世紀イギリス政治史を、「政府－シヴィル・ソサイエティ（民間公共社会）」の特殊イギリス的バランスの定着として理解する松浦高嶺氏は、イギリス民主主義の特異性を二つ指摘した。その第1は、（国家権力を保有し行使する）政府に対するシヴィル・ソサイエティの自律性であり、そして第2はそのシヴィル・ソサイエティにおける少数エリート支配であるとする（ちなみにシヴィル・ソサイエティの自律性は、専制国家再現を不可能にする反面、シヴィル・ソサイエティ内諸集団支配層の恒久的支配——エスタブリッシュメントの温存——を不可避にしたとされる）。両特徴は相互補完性を持っており、それらの歴史的形成プロセスこそ、17世紀のイギリス革命——①「教会＝国家体制」の廃棄（ピューリタン革命）⇒　②「政府－シヴィル・ソサイエティ」への

第1章　名誉革命体制の展開とオポジション

再編成（名誉革命）——であった。⁽⁸⁾

したがって松浦氏によると、名誉革命体制とは「King in Parliament というイギリスの伝統的国家構造を制度的に継承しつつ、その国家構造の枠内で、(名誉革命で実現した) シヴィル・ソサイエティの自律性を最大限保障していこうとする体制」⁽⁹⁾にほかならなかったのである。

他方で当時の国際情勢を考慮した場合、成立当初の名誉革命体制は特にフランスによるジャコバイト（後述）支援に対抗するため、強力な行政部の維持も課題としていた。結局その解決策として考え出されたのが、いわば「二重人格的抑制－均衡装置」とも呼べるバランス・メカニズムであったとされる。すなわち、「下院（庶民院）における国王のための大臣」と「王室における下院のための大臣」という"二重人格者"を媒介とした、「国王行政権」と「議会立法権」とのバランス・メカニズムがそれであった。ちなみに松浦氏は、ウォルポール（Robert Walpole）に関してイギリス初代首相として見るより、この役割を最も上手に担った行政家／議会人として見るべきだとも述べておられる。⁽¹⁰⁾

したがって、この当時の至上命題はこのメカニズムの円滑な機能ということになる。特に前述したシヴィル・ソサイエティのメンバー（政治国民）は、フリーホールダー（貴族、ジェントリー、自由土地保有農民）とフリーマン（自治都市の市民権を持つメンバー）に限定されていた。そのため自分の自由すなわち特権（freedom）を維持したい彼ら（政治家）の行動原理は、必然的に政党より派閥、主義主張より名誉・利権中心になりやすくなるというわけである。⁽¹¹⁾

また18世紀イギリスの政治家が政権を主導する際不可欠となる3要素、すなわち①国王の恩顧と信頼、②庶民院でのリーダーシップ、③大蔵省（Treasury）に対する統轄力すべてを自己の権力資源として最も充たしていたのがウォルポールであったことは、間違いないと思われる。⁽¹²⁾

そうした状況を踏まえて松浦氏は、18世紀イギリスの政権交代の図式については、以下の二つの闘争の勝敗で決定されるとした。

33

第1部　オポジションの思想と歴史

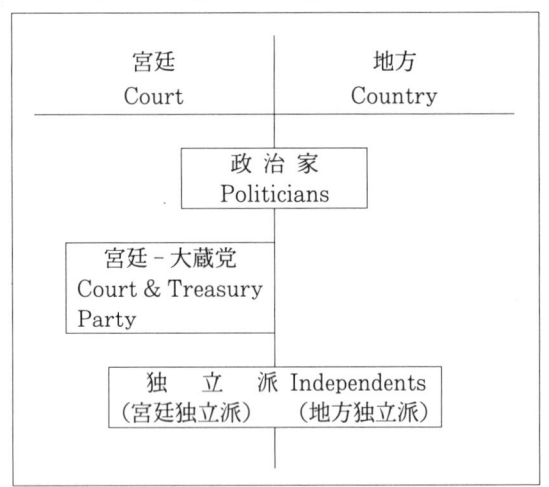

図1　18世紀における宮廷党と地方党

松浦高嶺「一　十八世紀のイギリス」(『岩波講座世界歴史17　近代4　近代世界の展開Ⅰ』岩波書店、1979年)、268頁。

① 　相対立する二つのチームの「政治家（Politicians)」集団の間で展開し、国王および「宮廷－大蔵党（Court and Treasury Party)」の支持という絶大な利益をめぐる、王室と議会にまたがる闘争。

しかし仮にこの闘争で勝ったとしても、議会内多数派は保証されるわけではないので、次の段階②が必要となり、ここで最終的な勝敗が決まる。

② 　中央の議会と地方社会にいる「独立派（Independents)──宮廷独立派と地方独立派」の支持をめぐる闘争。[13]

いわゆる「宮廷」（与党・権力側）対「地方」（野党・反権力側）という図式のみで、当時の政治家の行動原理を説明すると、確かにイデオロギー的な主義主張を軽視してしまいがちになるであろう。例えば、王政復古期の王位継

34

承をめぐるトーリーとホイッグの対立などについては不十分な説明しかできなくなってしまう。

しかしそれでも、上述した名誉革命体制の基本的性格と課題、その初期の展開とを総合すると、派閥や利権の有無を土台として権力側（宮廷党）の議員集団と、そこからやむを得ずはみ出して宮廷党に反発する反権力側（地方党）の議員集団が存在したことは、おそらく否定できないと考えられる。

以上の説明から、さしあたり次の事柄が明らかになる。

① 「ホイッグ 対 トーリー」であれ「宮廷 対 地方」であれ、「権力 対 権力への反対」という二つのチームのコンビネーションとともに、誰が権力についても自動的に権力への反対派が形成された。こうした対立の図式を定着させたのが17世紀におけるイギリス革命のプロセスであった。[14]

② イギリス革命の成果である「名誉革命体制」の課題は、小さいながらも「強力な」行政部の実現にあった。その背景には、当時の国際情勢（対仏戦争など）や経済的要請（貿易や海外市場の拡大など）も当然存在したであろう。しかしより重要なことは、名誉革命体制の成立によって、国王や教会あるいは行政官僚ではなく、いわば「国王と議会」に二股をかけることのできた一部の——例えばウォルポールなどに象徴される——有力政治家（議員）とその取り巻き集団に究極の政治的主導権が完全に集中した可能性が高いという点である。

こうした有力政治家の取り巻き集団が今日の「政党」というより、いわゆる「党派」（派閥か徒党）に近い存在であったことはいうまでもないであろう。それでも政治権力は国王から議会内の政治家集団へと徐々に移行していたと考えられる。それゆえ名誉革命以降イギリスは、君主と体制に忠実な (loyal)「議会における政治的反対」を「政治家（議員）集団」というスタイルで制度化することが——少なくとも理論上は——可能になったのである。

3．ウォルポール時代の政治社会と党派状況

　名誉革命体制（特にその初期）の特質と課題、そして18世紀前半の政界で主導的役割を果たした実力者ウォルポールの存在こそ、ボリングブルックのオポジション観を登場させるきっかけをつくったといってよい。そこでまず、ボリングブルックが批判の対象としたウォルポール時代（1721～1742年）もしくはウォルポール体制に注目することにしたい。

　最近ヘルムズ（Ludger Helms）は、米欧5か国（アメリカ、イギリス、ドイツ、フランス第五共和制、スイス）における「政治的反対」の制度化プロセスを比較考察している。それによるとイギリスのケースは「拒否権行使および または少数党との連立可能性がまったくない、議会中心のオポジション（parliament-centred opposition with no veto and/or co-governing powers for the minority parties）」として位置づけられている。同時に、イギリスのオポジション（制度化された政治的反対）を見るうえでは、それが憲法上提供された装置（傍点引用者）であり、議会アリーナ内部で反対する道具となるその特殊性に注目すべきだとも主張した。そのためヘルムズもイギリス・オポジションの起源を18世紀前半すなわちウォルポール時代に求めている。[15]

　そこでまず、前述した松浦氏の説明に基づき、ウォルポール時代／名誉革命体制初期（産業革命前夜）の政治社会について概観してみることにしよう。

　既述のように18世紀前半のイギリスは、対仏戦争の遂行、貿易の振興と海外市場拡大などの理由から「強力な政府」が必要とされていた。それを理解するための新たな視点として松浦氏は、当時一種の「行政革命（administrative revolution）」ないし財政革命が展開されていたと見る。ただし18世紀イギリス政治史の詳細な検討は本書の目的ではない。ゆえにこの視点に関しては、イギリス流オポジション観（思想）を生み出す源となった、当時の基本的な党派状況を読み解く手がかりとするだけにしておく。

　一般に、名誉革命体制形成期（初期）にほぼ該当する後期スチュアート朝（1688～1714年）と、その後のハノーヴァー朝初期（1714～1760年）を比較し

た場合、政治的に不安定だった前者に対し、いわゆる「ウォルポールの平和（Pax Walpoliana）」によって安定化した後者という印象が強いのではないかと思われる。しかしながら松浦氏は、後期スチュアート朝時代を行政革命的革新の基礎工事段階として評価すべきだと主張しておられる。その具体例としては、①王位継承法（Act of Settlement）などの議会制定法による議会の行政部統制、②内閣と大蔵部（Treasury）の二つを中核とした──史上画期的ともいえる──行政部再編強化が議会と対立せずその枠内で進展したことが挙げられるという。そしてその成果を受け継いだハノーヴァー朝時代は、ウォルポール時代に見られた内閣・首相の制度的スタート以上に、こうした大蔵部の整備・強化のほうが重要なのではないかという考え方に至るのである(17)。

　ここでいう行政革命（財政革命）の結節点としての「大蔵部の整備・強化」は、王政復古（1660年）から18世紀初頭にかけて、戦費調達など国庫出納の政府機関として大蔵総裁の下で発達した。イングランド銀行とは密接な関係を持ちながらも、従来の枢密院からも財務部（Exchequer）からも独立した政府部局として、専門職的に──地租、関税、消費税などを管理して──組織化されていったとされている。とりわけ大蔵・首相・内閣を統轄していたウォルポールなどは、職務上国庫金をめぐる利権や汚職と結びつきやすい存在でもあった。

　こうして、「大蔵省を中心とした行政部（いわゆる宮廷）」強化の動きに対し、それを「議会の自由」に対する挑戦だと考えた──国際情勢や経済金融制度に比較的疎い──「地方独立派」の反発が生じるようになり、両者の対立抗争の図式が18世紀を通じて定着することになったと考えられるというのである(18)。

　以上松浦氏の説明によると、ウォルポール体制では「政府－シヴィル・ソサイエティ」独特のバランス下で、強力かつ安定した政府を確保するため、地方独立派への配慮や買収政策が必要とされた。そして後述する理由も含め必然的にホイッグ単独政権的様相を呈する結果となった。ちなみに1760年に

第1部　オポジションの思想と歴史

即位した国王ジョージ3世（George Ⅲ）も、こうした「政治家」や「宮廷－大蔵党」をいわゆる「王の友（King's Friends）」として利用することで、国王自身による行政部強化を目指したとされる。[19]

　このように名誉革命体制の申し子ともいえるウォルポールとその時代は、国内的国際的要請から正統化された「強力な行政部（政府）」の体現でもあった。しかしそれは国王と議会（上院と下院）の権力バランスを崩すことにもつながり、名誉革命の公式的な原則である「混合政体」観を否定するものでもあった。特にウォルポールの政策に不満があり、しかも「地方」的立場に甘んじている側からすれば、それは十分批判の対象となり得た。名目上批判の根拠はウォルポール行政部主導型統治への反対（議会主義の危機）であり、そして実際的な不満の原因はウォルポールを中心とする「宮廷・行政部側」への権力・利権集中――官職任免権（パトロネージ）の活用と金権政治（plutocracy）――にあった。一般にウォルポール時代は、「政策的争点の曖昧化」による初期政党政治衰退プロセスと重ねて論じられる。市民革命と伝統的国家構造の所産でもあるイギリス流議会内対立の図式は、既述のとおり政策的争点をめぐってというより、「権力と権力への反対」、「利権と利権への反対」という対立のかたちで、名誉革命体制成立以降ますます定着する結果となったのである。

　それでは次に、ウォルポール時代（ウォルポール体制下）の党派状況について、検討していくことにしよう。

　名誉革命体制成立時の象徴であるウィリアム3世（William Ⅲ）も、そのあとを継いだアン女王（Anne）も、政党（党派）というものに好意的でないという点では共通していた。17世紀末ごろウィリアム3世反対派は、右派であれば「ジャコバイト（Jacobites）」とされ、左派の場合「共和制派」というレッテルが貼られ、イコール「謀反人」とされた。また、アン女王も1706年に「トーリーであれホイッグであれ、一党一派に限らず、自分に忠誠を尽くす閣僚を自由に任命したい」旨を書簡で表明しているという。こうした見解の流れは君主政治的ないし一党独裁的な「政治的一元主義」として位置づ[20]

けられる。(21)

　そしてアン女王死後、名誉革命体制の一支柱・王位継承法に基づいてドイツから迎えられたジョージ１世（George I）の即位により、ウォルポール時代の舞台・ハノーヴァー朝が開始された。実はこの王位継承をめぐり、王政復古以来王権抑制派とされてきたホイッグ系政治家はこれに賛成した。それに対し、元来国王派であったトーリー系政治家は大多数の賛成派と、少数の反対派（ジャコバイトすなわちジェームズ支持派）とに分裂していた。フランス流絶対主義とカトリックの支配を連想させるため、当時国民の多くはジャコバイトに反対であった。このときトーリーがジャコバイトと同一視されたため、総選挙で選挙民から支持されたホイッグの優位時代（Whig Supremacy）となったのである。

　このようにハノーヴァー朝が、どちらかといえばホイッグ的な流れを中心にスタートしたことから、そしてその後もホイッグ優位時代が続いたため、ウォルポール自身ホイッグ系政治家とみなされることが普通になったと考えられる。

　ウォルポールの登場過程や責任内閣制開始のエピソードについては、既に多くの文献で説明されているので詳細な記述は省略したい。ただフランスに対抗し、海外進出拡大を背後から支援し、そして何より生まれたての名誉革命体制を維持するため、ウォルポール時代に「強力な行政部」が必要とされていたことは上述したとおりである。それゆえ実力者ウォルポールへの権力集中、それに伴う王政復古以来の「トーリー　対　ホイッグ」という「党派（faction）」間政策対立の消滅、さらにそれに代わる「宮廷党（court party）　対　地方党（country party）」という「派閥（connection）」次元で利権やパトロネージを中心とする構図が定着したのである。

　鶴田正治氏は、18世紀前半当時のこうした一連のプロセスを「党派時代」から「派閥時代」として捉えなおす必要性を主張しておられる。鶴田説によると、政党は「政治意識の近代的変革」を前提として成立するものである。それによると政党は、まず「政教分離」から始まる。そして「野党に対する

第1部　オポジションの思想と歴史

図2　18世紀イギリス政治社会の構図

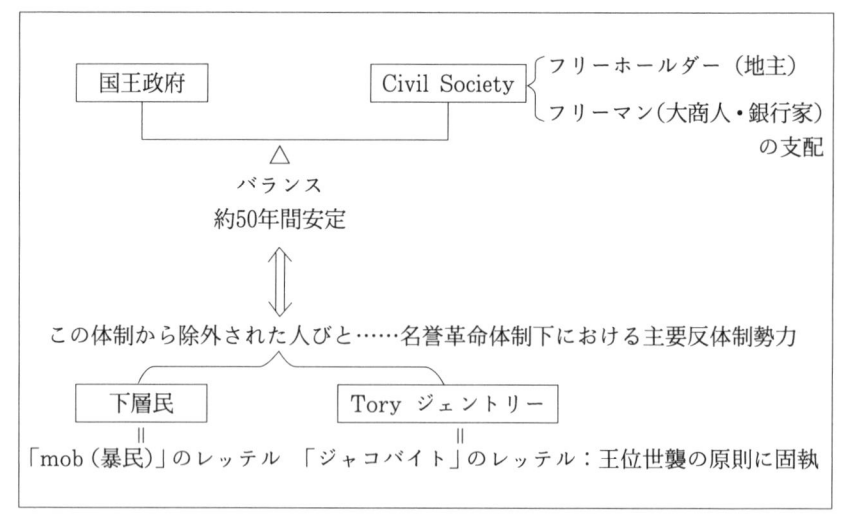

```
┌─────────────────────────────────────────────────────────────┐
│  ┌──────────┐      ┌──────────────┐  ┌ フリーホールダー（地主）│
│  │ 国王政府 │      │Civil Society │  │                        │
│  └────┬─────┘      └──────┬───────┘  └ フリーマン（大商人・銀行家）│
│       └──────────△────────┘             の支配                  │
│              バランス                                            │
│              約50年間安定                                        │
│                  ⇕                                              │
│   この体制から除外された人びと……名誉革命体制下における主要反体制勢力 │
│  ┌──────────┐    ┌──────────────────┐                         │
│  │  下層民  │    │ Tory ジェントリー │                         │
│  └────┬─────┘    └────────┬─────────┘                         │
│       ‖                    ‖                                    │
│  「mob（暴民）」のレッテル　「ジャコバイト」のレッテル：王位世襲の原則に固執│
└─────────────────────────────────────────────────────────────┘
```

松浦高嶺、前掲論文、275頁に基づき作成。

いわゆる復讐の論理の崩壊」「パトロネージに依存する派閥意識から政党絶対意識への脱皮」を内包しつつ、前述した「政治的一元主義」を経て、最終的に「政治的多元主義（政党政治的多元主義）」への転換を前提として成立するものとされる。[22]

ただ鶴田説によるとウォルポール内閣は「派閥均衡体制」とされ、むしろ上述した「政治的多元主義」に分類されている。[23] 後述するように、ボリングブルックはウォルポール体制を批判して独自の反対党論を展開しながらも、最終的には政党を超越する存在、いわゆる「愛国王」の統治を理想とする考え方に到達した。結局その流れに基づき1760年以後のジョージ3世による「王の友」結成に至ったため、ボリングブルックは「政治的一元主義」（政党終末論）の側に立つと評価されてしまうことになるのである。

しかしながら、既述の松浦説によるとウォルポール自身も「宮廷－大蔵党」というかたちにせよ「国王と議会」の二股をかけつつ、必要とされた強力な行財政と平和政策を遂行していた。よって、元来ウォルポールも党派解体路線という点では本質的にジョージ3世とさほど変わらないといってよい。

結局18世紀とりわけその前半に該当するウォルポール時代（体制）・ホイッグ優位時代については、図2のように説明することができるであろう。

王政復古と王位継承排除法案をめぐる政争から登場したホイッグは、反動的なジェームズ2世（James Ⅱ）の王位継承反対という立場ゆえ、当初は急進的「反対派」の立場だったのかもしれない。しかし名誉革命以後とりわけ18世紀のハノーヴァー朝初期のホイッグ優位時代になると、一転してホイッグは安定した強力な政府を維持するため、王権擁護、貧民の劣等視、暴民（mob）弾圧などを明確化していった。そのため今度は立場が逆転して、トーリー系のジェントリーたちが、王位世襲原則に固執する反体制的「ジャコバイト」のレッテルを貼られるようになった。そして暴民とされた「下層民」とともに、状況次第では反名誉革命体制運動の担い手になるというパラドックスが出現していたとされるのである。[24]

4．ウォルポール時代の党派論とボリングブルック

現代的意味でのオポジション観が登場した背景を知る手がかりとして、ここでイギリス人の伝統的政党（党派）観ないし党派論に触れておく必要があろう。

小松春雄氏の『イギリス政党史研究』中央大学出版部、1983年によれば、イギリス人の伝統的政党（党派）観は当初（17世紀後半から18世紀初頭にかけては）、嫌悪的なものであったという。政党（党派）とはすなわち内乱や陰謀の源であり、国民的団結を阻害するというのがその主たる理由であった。それゆえ反政府的な「反対党」となれば、なおさら「悪い」存在とされた。country partyと自称するにせよoppositionと呼ばれるにせよ、当初は'discontented party'ないし'malcontents'という蔑称が用いられることもあったとされている。さらにこのような伝統的ともいえる「政党嫌悪的態度」は、19世紀初頭に至るまで続いてきた。要するに当初、君主とその政府に反対することは憲法上許されないというのが一般的だったのである。[25]

しかし政党を中立と公平無私の対極に位置づけるこうした見方は、およそ

政党発生期のアメリカやフランスにも存在した。したがってイギリスだけが特別だったわけではない。イギリスにおいて政党と徒党を区別し、政党の特徴と役割を——不十分ながらも——明確にしたとされるのは、周知のようにバーク（Edmund Burke）の政党論『現代の不満の原因を論ず』（Thought on the Cause of the Present Discontents, 1770）である。それでもなお、18世紀を通じて政党「嫌悪」観がイギリスで根強く残っていたという点は、日本人の眼からすれば意外な感じがすると同時に、注目に値するともいえるであろう。

　このように政党（党派）とりわけ反対党に関する伝統的な見方は、総じて冷淡かつ批判的なものであった。なかでも18世紀初頭（1701年当時）のそうした論客の1人に、トーランド（John Toland）という人物がいる。小松氏によると、彼はボリングブルックの党派論にも大きく影響を及ぼしたとされている。その主張をかいつまんでいえば、善政のためにも君主は一政党に担がれてはならない、そして君主が党派を乗り換えると最悪の事態が生じるというものであった[26]。

　確かにこれを、君主による政党超越的統治論、今日風にいえば君主中心の「大連立内閣」論、そして政権交代批判論として理解することはたやすい。しかしながら当時においても実際の政治状況は、一政党ないし党派抜きでは考えられなかった。後期スチュアート朝ウィリアム3世は当初、トーリーとホイッグの人数的バランスを考慮した「混合内閣」を組閣しようとした。両党派の協力によって自分が王位に就けたからであり、また両党派を互いに牽制させて逆に国王権力を維持強化しようとしたからであった。ところが、その後遂行しようとした対仏戦争（ウィリアム王戦争）をめぐり、ホイッグが賛成（海外市場拡大のため）、トーリーが反対（地主として税負担増のため）の立場をそれぞれ表明したため、やむなくウィリアムは国王の政策を支持するホイッグ単独内閣を組閣せざるを得なくなったのである。こうして17世紀末に成立したいわゆる「ジャンタ（Junto）内閣」[27]は、イギリス史上初の（ホイッグ系）一党派内閣として位置づけられている。

第1章　名誉革命体制の展開とオポジション

　そのあとを継いだアン女王も政党（党派）に好意を寄せず、ジャンタ内閣を毛嫌いして混合内閣を望んでいた。しかし多数党に依存しない統治は行き詰まったため、選挙結果を重視した単独内閣を形成せざるを得なくなったとされている。ここから、議会（下院）勢力に一応基づいて組閣を命じる慣習が次第に定着するようになったとされることが多い。

　「こうして政党内閣は国王を奴隷化するものとしてウィリアムもアンもこれを嫌ったにもかかわらず、政策の遂行が議会の支持に依存する以上、政党内閣の成長は必然の勢（ママ）となり、……実際政治の経験は混合内閣よりも一党内閣の方がより強力で安定性に富むことを教えた」のである。(28)

　そうした現状からすれば政党（党派）への伝統的嫌悪観・態度は、名誉革命以後、政党であれ党派であれ、それ自体が既述の「強い行政部と強力な統治」にとって必要不可欠な存在になっていたことを逆に物語っているといえよう。「認めたくないが、認めざるを得ない」からこそ、拒否感や嫌悪があらわれやすかったとも考えられるのである。

　では、こうしたネガティブな政党（党派）観は、いつ、どのようにしていわば"イメージチェンジ"に成功したのであろうか。前述の小松氏はそれについても述べておられるが、まとめて整理すると以下のとおりになる。

① 　イギリス憲法そのものが、「A 対 B」のように論争向きにできていた。換言すればイギリス憲法の嫡出子こそ政党（反対党）となる。なぜならイギリス憲法とは、混合政体（mixed government）:「君主－上院－下院」という3要素の融合体である。それゆえ3要素——君主と議会に分ければ2要素——の「代弁者」として政党がそれぞれ登場したとしても不思議ではないからである。つまり、イギリス憲法のうち君主的要素を代弁するのがいわゆる「トーリー」であり、議会（特に下院）側を代弁したのが「ホイッグ」ということになる。そしてその論理的制度的帰結こそ、イギリス流「二党制」にほかならない。

② 　イギリスの17世紀と18世紀を比較した場合、前者が対立と内乱に彩ら

43

れた「悲劇の世紀」であったとするなら、後者は「平和と安定志向の時代」ともいえる。そのため17世紀における政党ないし反対党の性格と位置づけは、「猛獣」に近いものであった。しかしながら18世紀を通じて徐々に飼いならされていき、19世紀半ばには温和な「家畜」へと変わっていた。「そしてイギリス人は、いつしか政党とともに、政治生活を送っていることを知るようになったのである」[29]。

　当初、嫌悪観を抱かれるほどの猛獣がやがて家畜となり、人間の生活に無くてはならない存在になっていたという見方は、わかりやすく興味深い。ここからもイギリス政党政治の発展と政党に対する偏見の払拭に、名誉革命（体制）と18世紀前半の政治状況（特にウォルポール時代）が果たした役割は大きいということがわかる。

　さらにつけ加えると、19世紀後半以降政党のイメージや位置づけがほぼ逆転した理由として、議会政治に対する国王関与の減少という事実を挙げておく必要もあろう。この時期の二大政党——保守党と自由党——は、野党であってももはや君主や憲法に叛く存在ではないことを誰もが認識するようになっていたからである。

　ところで小松氏によると、ウォルポール時代にあらわれたさまざまな政党（党派）論の特質として、①反対党弁護論の増加、そして②その内容の変化（従来的な悪政反対論から、反対党肯定論へ）が指摘されている。そしてバーク（1770年）以前において最も注目されるのが、やはりボリングブルックの政党論であるとしつつも、それは究極的には政党否定（前述した政治的一元主義）ないし政党終末論になっていくとされている[30]。

　そこでここからは、当時のボリングブルックの党派論ならびに反対党論について再検討していくことにしよう。

　周知のように、政党ないし党派に関するボリングブルックの主要著作物と呼べるものは、以下のとおりである。

第1章　名誉革命体制の展開とオポジション

（A）*A Dissertation upon Parties,* 1735　『政党論』
（B）*A Letter on the Spirit of Patriotism,* 1736　『愛国的精神についての手紙』
（C）*The idea of a Patriot King,* 1738　『愛国王の理念』

　刊行が1730年代に集中していることは一目瞭然であり、最後の（C）が彼の政治思想の集大成と見られることが多い。そこでまずボリングブルック（1678～1751年）の経歴からその党派観の背景を探っていくことにしたい。

　ボリングブルックについて研究しておられる入江正俊氏によれば、彼の政治思想の根底には名誉革命以来のホイッグ優位とりわけ既述のウォルポール体制に対する反対者としての立場があった。その理由は、彼の政治的経歴から見ると驚くには値しない。アン女王時代にトーリー系の政治家として出発したものの、主としてホイッグが支持したジョージ1世即位（ハノーヴァー朝開始）により王位継承論争に敗北した。希望していた大臣職に就けなかったためフランスに亡命し、以前より落ち目となったトーリーの復活をスチュアート王家復活に結びつけることになる。必然的にジャコバイトに加担するが、のちに後悔するほどこれが彼にとってはハンディとなったようである。その後帰国は許されるが、公職復帰は叶わず、言論中心の反政府活動を展開した。1720年代後半からはトーリー系やホイッグ反主流派とともに新聞に執筆し、政府系新聞と幅広い分野にわたって論争を繰り広げている。ところが1735年、同僚たちとの対立から失意のうちに再度フランスに渡ったのち、今や国内には腐敗がはびこっているとして、フランス滞在中から一連の執筆を始めたとされる。[31]

　周知のように（A）『政党論』は、ウォルポール時代の党派状況を批判的に分析したものである。もはや古い原則に基づく政党対立はなく、トーリーもホイッグもなくて、実際にあるのは「コート・パーティ（宮廷党……憲法の真の自由を破壊しようとするウォルポールとその支持者たち）」と、「カントリー・パーティー（地方党……政府の不正を怒り、憲法を守ろうとしている者たち）」

だけだとする。[32]

　ところが肝心の（C）『愛国王の理念』になると、一転して政党一元化論（鶴田）的な「政党終末論」（小松）に帰結するのである。つまり反対党は目標（愛国王による統治）達成のための手段であり、反対党が勝利した瞬間に政党はその存在理由を失って消滅することになる。愛国王による支配は美徳に依拠するため、対立や反対、不満がなくなるからである。愛国王は自分と同じ原理を持つ奉仕者を大臣に登用し、いかなる党派をも支持せず、人民の共同の父であるかのごとく統治するべきである。換言すれば政党による統治の誘惑に引っかかってはならないし、政党の統治といっても結局「徒党」の統治に終わるので政治的悪であるし、人民を抑圧するだけである。[33]こうして最終的に（C）で反対党を「目的のための手段」として位置づけているため、あるいは明らかに君主政治容認的な内容であるため、政党政治（反対党）否定論者というレッテルが払拭されなかったように思われるのである。

　しかしながら「愛国王」といっても単なる英雄待望論であるかもしれない。また政党不要論といっても名誉革命体制下では、実はそれ自体も一党派的意見となる。いずれにせよこの点については、18世紀イギリス政治思想史研究のさらなる成果に期待したい。

　「オポジション」観、あるいはその思想とその背景という本章の趣旨から見て特に重要なのは、これらの中間に位置する（B）『愛国的精神についての手紙』で展開された彼の「反対党」論とその斬新さ、今日的意義のほうである。

　紙幅の都合で十分かつ綿密な紹介はできないが、ボリングブルックは次のように主張している。

　　わが国憲法の現状によると両院すべての議員は、よい統治を促進し悪い政治に反対するため国民によって生じる、あるいは国民によって任命されるナショナルな常任会議のメンバーなのである。そして国務大臣的な権力は与えられていないとしても、君主によって任命されるそうした人びとをコントロ

ールする上級の権力がやがて与えられることになる。ゆえにこういうことになる。与党の人びとがその政権を続けていく心構えをするのと同じように、政権コントロールの心構えをするという偉大な義務が反対派（opposition）の人びとにはある。そして、この目的のために政党（party）を組織し、政府の偽りの方策に反対するだけでなく真実の方策を提案しない限り、よき市民としても正直な人としても振る舞うことはないのである。[34]

　この記述から読み取れるポイントとして、①イギリス国家構造（憲法）の枠内において、政府与党をコントロールする議会の役割を再確認していること、②議会に居場所がある以上、反対党（野党）といえども政権のチェックと政権奪回の心構えを常にしておかなければならないこと、③そうした目的のためには組織としての結束が重要であること、そして④政府の政策に反対するばかりでなく、責任ある代替案を提案できるようにしておくべきことなどを指摘することができる。

　名誉革命体制（混合政体）の原則すなわち「君主－上院－下院」3要素間の権力バランスは、強力な行政部を利権やパトロネージによって牛耳っていたウォルポールのせいで崩れてしまい、名誉革命体制の理念とかけ離れてしまった。混合政体論者のボリングブルックにとってこれは文字どおり憲法の危機であり、とりわけ行政部依存を深めていた議会刷新の必要性を検討する──イギリス国家構造（名誉革命体制）内部でのバランスを回復する──意味があった。同時にこのことは、中世以来続くイギリス的自由の擁護につながるものでもあったといえよう。

　これに加えて入江氏は、主に新興の商工業を優遇したウォルポール体制が、その内外平和政策にもかかわらずそれによって──当時の農業不況も重なったため──中小地主・ジェントリー層を没落させる状況をつくり出したと指摘する。ゆえに彼らを擁護するための理念を確立する課題が、トーリー系でジャコバイトに加担したこともあるボリングブルックに与えられた。したがって、ウォルポール体制との全面対決のためにも、ボリングブルックはウォルポール体制に不満のある人びととの全国的な団結を目指す必要性があったの

である。そこで過去に自分がスチュアート朝（ジャコバイト）に加担してきた事実を悔やみつつ、ハノーヴァー朝という現実の枠組みのなかで、君主ではなくウォルポール批判というスタイルにより変革を志向する理論を構築する結果になったとされる。[35]

こうして見てみると、ボリングブルックは「ウォルポール（憲法の破壊者）とその政策への反対党」すなわち憲法の擁護者・愛国者としての役割を重視したのであって、「憲法への反対党」ないし「君主への反対党」を容認したわけではなかった。さらに、『政党論』にもあるように政党の政策（原理原則）や政党間の争点の意義も確認している。

したがってボリングブルックの党派観ないし党派論は、あくまで名誉革命体制という枠内で議会内「在野派」の役割と政権交代の意義を強調するものである。また国王とその体制というより今やそれ以上に強大となった1人の政治家・ウォルポール個人への権力集中を批判していることになる。さらにジャコバイト流の反乱・謀反といった非合法の暴力的手段を否定することで、権力者への合法的批判を容認する姿勢にもつながることがわかるのである。

5．結びにかえて

オポジションに関する考え方という視点から見たボリングブルックの意義は、19世紀末以降イギリス政治の世界では当然視されている議会政治家の諸権利を、その真意はともかく、おそらく初めて本格的に表明したという事実に求められるであろう。それはポスト名誉革命における「王冠と国家構造（憲法）」に忠実であるためにも、合法的に現政府を批判し現政府に反対し、そして代替政府をつくる諸権利である。もっとも一定の党派的立場に立脚し、官職など実際の政治生活から遠ざけられた不満も当然含まれている。さらには結局政党否定論になると評価されても、ボリングブルックの党派観には名誉革命体制（イギリス近代的統治システムの基礎）の肯定と維持が、そして権力者とその政策、その取り巻き集団への利権集中に対する（言論活動を通じての）合法的な批判、反対も伴っていた。

第1章　名誉革命体制の展開とオポジション

　そして19世紀初頭になって国王の政治的関与がほぼ衰退し、伝統的な政党観（嫌悪的態度）が払拭されるようになった。18世紀を通じて「猛獣」から「家畜」へと飼いならされた結果、問題の所在でも触れたように、"His Majesty's (loyal) Opposition"という言葉をホブハウスが「洒落」または「冗談」として下院で使うようになっていたのである（1826年）。[36]

　しかし総選挙勝利後、ある政党が実際に「オルターナティブな政府」として権力を獲得した最初の明確な事例は、1841年総選挙に勝利して本格与党となったピール（Robert Peel）率いる「トーリー・オポジション」であったともいわれている。[37] その後ピール保守党政府は有名な穀物法（Corn Law）撤廃など自由貿易路線、商工業立脚路線に踏み切ったが、党内保護主義派（農業地主利益擁護派）議員の反発を受け、1846年に党内分裂し解体した。そしてディズレーリ（Benjamin Disraeli）とグラッドストン（William Gladstone）の両雄が活躍する1868年以降、周知のように「保守党」と「自由党」による政党間競争のパターンがほぼ完全に定着することになった。

　以上のように、イギリス政治の世界に「オポジション」という考え方（観念ないし思想）を登場させたものは、やはりイギリス革命とりわけ名誉革命と、それによって形成された独特の憲法／国家構造（名誉革命体制）にあることがわかる。イギリスの憲法つまり国家構造が「君主と議会（とりわけ下院）とのバランスないし融合」である以上、小松氏が述べておられるように論争的、対立的ダイナミズムを伴っていたと考えられる。さらにそうした側面は、二つのチームどちらからしても相手側（反対派）に対する「憲法の枠内での法的政治的寛容さ」を必然的に求めることになる（この「寛容」とオポジションとの関連については、本書の終章を参照）。

　非合法的な暴力での反対（いわば17世紀的な謀反や反乱）によらない、「オポジション」という平和的な反対とその考え方を発展させたものとは何であったのか。それは18世紀以来漸進的に培われていった「古くて新しいイギリス的国家構造（憲法）を守り、志向していこうとする議会人たちの態度」にほかならなかったといえるであろう。

第1部　オポジションの思想と歴史

　またその当時の文脈や背景から、ポスト名誉革命期（特にハノーヴァー朝初期、18世紀前半のウォルポール時代）における実際の政治社会や政治（党派）状況も、そうした国家構造（憲法）を維持するため、その枠内での合法的な対立・論争と、それらを通しての最終的なバランス維持を肯定する傾向が強かったことが読み取れる。確かに前述のように内外情勢から18世紀当時は、「強力かつ効率的な行政部」が必要とされていた。また、ウォルポールの存在によって政策的争点の対立軸も曖昧になったかもしれない。けれどもボリングブルックの党派観や反対党論は、そうした文脈と背景があったからこそ出現できたともいえるのである。

　さらにボリングブルックの真意はともかく、名誉革命体制の枠内で確立しつつあった対立的構造と、それをむしろ容認する傾向の拡大縮小というジグザグのプロセスを経ることによって、19世紀前半にはイギリス人の政党嫌悪的態度（反対党悪玉論）も払拭されるようになったと考えられる。したがってオポジション（反対党）に関するボリングブルックの思想ないし考え方は、単なる「反・ウォルポール体制」の結果でもあるが、むしろそれ以上に「親・名誉革命体制（混合政体的立憲君主制）」という思潮の定着および進展の産物でもあったという点を強調しなければならないのである。

註

（1）Cf. Alexander Dunlop Lindsay, *The Essentials of Democracy*, 1929（永岡薫訳『民主主義の本質—イギリス・デモクラシーとピュウリタニズム—』未来社、1971年。同訳書「あとがき」212-213頁を参照）。

（2）『ディースターヴェーク／ロングマン　英米制度・習慣事典—英米政治・法律・教育・宗教・経済・社会事業・習慣を解説し、英語の背景を理解するために—』（日本語版　中島文雄編）秀文インターナショナル、1979年、134頁。

（3）18世紀イギリスの政治家ボリングブルックは、本文中にもあるようにボーリンブロークと表記されることもあるが、本書では『岩波−ケンブリッジ　世界人名辞典』岩波書店、1997年、1008頁の表記「**ボリングブルック，ヘンリー・**

第1章　名誉革命体制の展開とオポジション

セント・ジョン，初代子爵　Bolingbroke, Henry St John, 1st Viscount（英　1678-1751）」にしたがって、ボリングブルックとした。

　同書によるとボリングブルックはロンドンに生まれ、イートン校を経てオックスフォード大学に進学したとされる。1701年に議員となり、陸相や外相を歴任してトーリー党幹部の1人に数えられるようになった。アン女王の死後1714年、ジャコバイト（ジェームズ2世とその子孫の支持派）との関わりから、一時フランスに亡命している。1725年に帰国したが政界には復帰できず、1735年から1742年までフランスで過ごした。

（4）篠原一、永井陽之助編『現代政治学入門〔第2版〕』有斐閣、1987年、125頁。
（5）前掲書、125-126頁。
（6）前掲書、127-128頁。
（7）小松春雄『イギリス政党史研究』中央大学出版部、1983年、96頁。
（8）松浦高嶺「一　十八世紀のイギリス」（『岩波講座　世界歴史17　近代4　近代世界の展開Ⅰ』岩波書店、1979年）、234-254頁。

　なお松浦氏によれば、普通civil societyは「市民社会」と訳されるが、この'civil'には「非教会的」（すなわち画一的な「教会＝国家体制」の地方拡大を軸としたチャールズ1世（Charles I）親政への地方・庶民サイドからの反発）という意味と、「非軍事的」（すなわち上記の反発を上から軍事力で押さえつけ強制する軍事抑圧「ストラッフォード体制」に対する反発）という意味があり、これらは車の両輪的存在であるとされる。

　したがって「教会支配」と「軍事支配」からの解放こそ1688年の名誉革命であり、前者については1689年の「寛容令（Torelation Act）…カトリックと一部のプロテスタント以外の信教の自由」によって、そして後者は同年の「軍罰令／軍律法（Mutiny Act）…議会による軍の統制」を通じて（すなわち名誉革命体制によって）確認されたことになる。松浦、前掲論文、256頁。

（9）同上、258頁。
（10）同上。
（11）同上、258-259頁。
（12）同上、268頁。
（13）同上。

(14) この点についての説明は、Ghita Ionescu and Isabel de Madariaga, *Opposition*, 1968（宮沢健訳『反対党の研究 制度としてのその過去と現在』未来社、1983年）を参照のこと。

(15) Ludger Helms, "Five Ways of Institutionalizing Political Opposition: Lessons from the Advanced Democracies", *Government and Opposition*, 39-1, 2004, pp. 25-26.

　ヘルムズによると、イギリスおよびスイス以外の3か国モデルのプロトタイプ（原型）は、以下のように説明されている。

　　・アメリカ…政治的反対の権力分立モデル。
　　・ドイツ…強い拒否権行使およびまたは少数野党との連立可能性がある、議会中心のオポジション。
　　・フランス第五共和制…政治的反対の半大統領制的（議会－大統領）モデル。

(16) 周知のように、ウォルポールの政策によって国内外の対立の芽が、以前と比較すれば消滅したという点を強調する「国内融和政策」という意味がある。トーリーに象徴される「土地利害関係者」と、ホイッグに代表される「土地利害関係者」や新興の「商工業利害関係者」との対立を緩和するという特徴を持っていた。当初新教徒のウィリアムが推進していた対仏戦争をめぐり、税負担増につながるため戦争に反対していたトーリー系地主と、市場獲得と海外進出のため戦争に好意的だった商工業利益との対立が後期スチュアート朝時代にはあったからである。

　しかしウォルポールは、戦争を中止することでトーリー系（農業利益関係者）を、商業貿易拡大策で商工業利害関係者を、主にトーリー系の地方名望家を各地の治安判事（justice of the peace）に任命することで敵対者をそれぞれ満足させることに成功した。他方でそれは、王政復古当時出現した「トーリー」と「ホイッグ」という政党間の争点、区別を曖昧にして形骸化したとされることが多い。

(17) 松浦、前掲論文、270-272頁。

(18) 同上、272頁。

(19) 同上、273-274頁。

(20) 註の（3）でも触れたように「ジャコバイト」とは、名誉革命で追放され

たジェームズ2世とその子孫を支持する者たちを指す。1715年と1745年にジェームズの子孫を担いで王位を狙う反乱を起こしたが、フランスへの隷従やカトリック拡大への反対が根強かったため、結局失敗に終わった。しかし18世紀初頭の地方では、ジャコバイトが下層民の支持を得ることもあったといわれている。意外にも両者は、名誉革命体制から除外された人びと（反体制的立場）という点では共通していたのである。松浦、前掲論文、276頁。

(21) 鶴田正治『イギリス政党成立史研究』亜紀書房、1977年、3-4頁、31-32頁。

(22) 同上、3-4頁、26頁、28頁。

(23) 同上、32頁。

(24) 松浦、前掲論文、275-276頁。

(25) 小松春雄、前掲書、99頁。

(26) 同上、11頁。

(27) この「ジャンタ」とは「仲間うち」という意味であり、「私党」とも呼ばれた。

(28) 中村英勝『イギリス議会史 〔新版〕』有斐閣、1977年、89頁。

(29) 小松、前掲書、101-102頁、104-105頁。

(30) 同上、115頁。

　ウォルポール時代の代表的な政党論として、党派的立場のボリングブルック以外では、非党派的立場のヒューム（David Hume）と古典研究者のスペルマン（Edward Spelman）が紹介されている。この2人の政党論については同書123-131頁を参照のこと。

　なお、政党をやむを得ない悪として妥協しつつも嫌悪しているヒュームに対し、政党を正当化しているという点でスペルマンの議論のほうを小松氏は重視しておられる。

(31) 入江正俊「第二章　ボリングブルックの政治思想―議会主義から愛国者国王論へ―」（山下重一編著『近代イギリス政治思想史』木鐸社、1991年）79-81頁。

(32) Cf. Bolingbroke, "A Dissertation upon Parties", in *The Works of Lord Bolingbroke*, vol. II, 1967.

(33) Cf. Bolingbroke, "The idea of a Patriot King", *op. cit.*. 小松、前掲

書、121-123頁。
(34) Bolingbroke, "A Letter on the Spirit of Patriotism", *op. cit.*, p. 370.
(35) 入江、前掲論文、87-91頁、108頁。
(36) ホブハウス（John Cam Hobhouse, 1st Baron Broughton）は、ケンブリッジで学んだ後、急進派（an advanced Radical）として1820年に政界入りした。当時のホイッグ内閣においては、陸軍事務長官、（インド）監督局総裁などの役職を歴任した。
(37) *Her Majesty's Opposition* by Mary Durkin and Oonagh Gay (Parliament and Constitution centre), Standard Notes: SN / PC / 3910（8 February 2006), p. 2.

第2章　初期労働党のオポジション化プロセス

1．はじめに

　第1部第2章では、イギリス・オポジションの歴史の一側面を検討する。イギリスにおけるオポジションの歴史とは二大政党の歴史そのものであり、そのすべてをここで扱うことは当然不可能となる。そこで保守党や旧自由党（現在の自由民主党）よりも歴史が浅く、しかも労働運動を基盤として「議会の外から」発達していったイギリス労働党が、現在のような真のオポジションに進化していくプロセスの初期に注目してみることにした。

　「（体制内）対抗政党」──野党の立場のまま確立された政党──からその歩みを始めた政党として、西欧民主主義諸国の労働者政党や社会民主主義政党を挙げることができる。周知のように、イギリス労働党もそうした諸政党の典型例として位置づけられよう。結党以来「野党」として出発することを宿命づけられた同党は、1920年代の一連の総選挙結果を受けて少数与党ながら政権を担当して以来、現在ではイギリス主要政党の一翼を担うようになった。本章で初期（主に1920年代）の労働党とそのオポジション化プロセスを対象とした理由はここにある。こうした背景を持つ初期イギリス労働党は、紆余曲折はあったにせよ「真のオポジション」として成長、発展していった。その初期のプロセスからわかること（経緯、特質）は何か。主に1922～1929年の政党政治史分析を通じて、この点を明らかにしていくことにしたい。

　本章ではオポジション化の指標として、序章で触れた三つの視点──①「政権意欲」、②「適応性」、③「（①と②を具体的かつ構造的に支える）党独自の政策立案能力の制度化と機能化」──を用いている。既述のようにこれらのうち最初の二つは、20世紀イギリス政治における保守党ヘゲモニーの理由を解くカギである。また同党が最古の政党でありながら今日までイギリス主要政党の一翼として、あるいはオポジションとして生き延びてきた要因の一

つでもある。それゆえイギリス労働党のオポジション化の事例にも、それなりに当てはめることができると思われる。

さらに労働党の「オポジション化プロセス」のなかでも、1922〜1929年という比較的初期にスポットを当てる理由として、以下の三点も指摘しておきたい。

① 1918年そして1922年以降労働党は、従来の自由党依存路線から事実上脱却し、独自の路線を取るようになっていたこと。
② 同党創立（1900年）以来、そしてイギリス憲政史上初となる労働党内閣（第一次マクドナルド内閣）の成立が、1924年であったこと。
③ 第一次マクドナルド内閣が倒れた1924年総選挙から、1929年総選挙までの間（第二次ボールドウィン保守党内閣期）、それまでほぼ自由党が占めていた——あるいは自由党と労働党で担っていた——「国政第一野党」の地位と役割を本格的に労働党が受け継いだこと。

2．ロイド＝ジョージ連立内閣の瓦解とその意義

1920年代の労働党オポジション化プロセスを跡づけるためには、まず、ロイド＝ジョージ（David Lloyd George）連立内閣（1916〜1922年）瓦解の状況分析から始めなければならない。労働党を加え主要政党を自由に競合させる従来的な政党政治の姿が、それによって復活したからである。

強力な戦争指導者を必要とした第一次世界大戦中はともかく、大戦終了後も続いた一種の変則状態（連立内閣）に終止符が打たれたのは、1922年のことであった。第二次世界大戦終結時と異なり、戦時につくられた連立内閣が戦後4年近くも続いたのはなぜであろうか。この点についてイギリス保守党史家のブレーク（Robert Blake）は、挙国一致による戦後の再建という名目が当時は比較的大きかったとしている。また、人数的に事実上連立内閣を支えていた保守党首脳が、連立残留に関して長時間協議したという明白な証拠もないという。
(2)

第 2 章　初期労働党のオポジション化プロセス

表 1　歴代内閣（1915～1931年）

1915～16	アスキス	自 保 労（連立内閣）
1916～22	ロイド＝ジョージ	自 保 労（連立内閣、1918年労働党離脱）
1922～23	ボナ＝ロー	保
1923～24	ボールドウィン（Ⅰ）	保
1924	マクドナルド（Ⅰ）	労
1924～29	ボールドウィン（Ⅱ）	保
1929～31	マクドナルド（Ⅱ）	労

表 2　主要 3 政党総選挙結果（1918～1929年）　　※（ ）は得票率（％）

選挙年 政党その他	1918	1922	1923	1924	1929
連 立 派	478（47.6）				
保 守 党	335（32.6）				
自 由 党	133（13.5）				
労 働 党	10（ 1.5）				
保 守 党	23（ 3.4）	345（38.2）	258（38.1）	419（48.3）	260（38.2）
自 由 党	28（12.1）	挙国派 62（11.6） 自由党 54（17.5）	159（29.6）	40（17.6）	59（23.4）
労 働 党	63（22.2）	142（29.5）	191（30.5）	151（33.0）	288（37.1）
定　　数	707	615	615	615	615
投票率（％）	58.9	71.3	70.8	76.6	76.1

D. & G. Butler, *British Poltical Facts 1900-1985,* 6th ed., 1986, pp. 224-225 に基づき作成。

　しかしながら、厳密には自由党の党首とはいえないロイド＝ジョージ首班の連立内閣を、元来ライバル関係にあった保守党が平時において半永久的に支持できるはずもなかった。ゆえに、戦後の国家的団結（の望ましさ）という大義名分とは別の理由を考慮する必要が出てくる。すなわち労働党の台頭がそれである。例えば第一次世界大戦終結直後に実施された1918年総選挙で、労働党は前回（1910年12月）総選挙時の42議席（7.1％）から63議席（22.2％）へと躍進していた。同時に独立労働主義を通じて自由党とは距離を置き、1918年には社会主義社会の実現という党としての目標を打ち出すようになっていた。同年にはロイド＝ジョージ連立内閣からも離脱している。

57

第1部　オポジションの思想と歴史

　労働党の台頭を最小限に食い止め、なおかつ自由党支持者の特に保守派と、1918年以後増大した新有権者に保守党支持させるため、ロイド＝ジョージを頭として利用する戦略が1920年代ごろの保守党に存在したと推察されるのである。

　労働党や社会主義勢力の台頭に対し、何らかの手を打たなければならないという認識は自由党側のロイド＝ジョージも共有していたと思われる。これについては、当時「提携（fusion）」とも呼ばれたが、彼を中心として新たに「（ロイド＝ジョージ派）自由党」と「保守党」による合併ないし「中道右派連合」構想に基づく「中央党（the Centre party）」創設の画策が存在したことからも明らかである。大戦中の経験と連立の誼から出たものであるが、これは現代イギリスでは珍しい「政界再編」という選択肢だといってよい。とりわけ首相のロイド＝ジョージからすれば、党内対立関係にあるアスキス（Herbert Asquith）派自由党に牛耳られていた「党組織」と「党資金」を同時に獲得できるという個人的なメリットがあった。なお、こうした一連の構想について、当時90人以上の保守党一般議員からも賛成があり、同党の指導者であったボナ＝ロー（Andrew Bonar Law）も明確な反対はしていなかったようである。

　しかし徐々にロイド＝ジョージのスキャンダルが明らかとなり、連立内閣自体の支持率も下がり始めた。そして、もはや「お荷物」となった彼と一緒に選挙を戦うことはできないという声が地方保守党員たちからも出るようになった。さらに肝心の自由党ロイド＝ジョージ派の幹部が強く反対したため、結局この構想は首相自身の「夢物語」に終わり実現には至らなかったのである。

　ここから、以下の事柄が明らかとなる。

① 　中央党創設というプランに恒久的な制度上の支持が、そのメンバーたちにも一貫した哲学や綱領が欠けていた以上、かつて人気のあった指導者をもってしても、議員を寄せ集めるだけでは一致団結することは

できないということ。
②　政治家は、感情とか目標といった共通基盤がないと対内的な組織化や忠誠心を維持できない（からそれらを必要とする）ということ。
(6)

　こうしたなか、ロイド＝ジョージ連立内閣との訣別を決定づける出来事が保守党一般議員たちから生じるようになった。換言すれば「大連立」に頼るより、保守党単独で労働党はもちろん自由党とも戦う道を――党執行部というより陣笠議員が中心となって――選んだことである。その具体的な舞台となったのが、1922年10月19日に開催されたカールトン・クラブの会合であった。
　これは、ボナ＝ロー辞任を受けて党首――実質上は下院のみの指導者だったが――となったオースチン・チェンバレン（Joseph Austen Chamberlain）が、連立維持を前提とした次期総選挙実施方針の確認を目的とした会合である。公式上党首に強大な権限が集中している保守党で、チェンバレンは何故こうした一般議員たちとの協議を余儀なくされたのであろうか。当時、連立残留を希望するチェンバレン〔党首・下院指導者〕と、今のままでは次期総選挙に勝てないかもしれないという報告を受けていた選挙対策総責任者〔党チェアマン〕ヤンガー（George Younger）との前代未聞の対立がその背景にあったからである。
　カールトン・クラブでの会合で、まず倫理的観点からロイド＝ジョージを批判する演説を行ったのが、のちに党首・首相として労働党のマクドナルド（James Ramsay MacDonald）とともに戦間期二大政党政治の主役となる――このときはほとんど無名に近かった――ボールドウィン（Stanley Baldwin）であった。そしてこれまで曖昧な態度を取り続けてきたボナ＝ローも、党内デモクラシーの観点から連立残留反対演説を行ったことで党内の大勢が決した。それは同時に、ロイド＝ジョージとチェンバレンのリーダーシップの幕引きを意味するものでもあった。
　この会合の最後に実施された連立維持の是非を問う投票結果は、連立維持

賛成…88、連立維持反対…185となっている。連立維持反対派は、頑固な保守主義者、ロイド＝ジョージの行状（収賄や売勲による資金集め、閣議を軽んじたワンマン大統領的な振る舞いなど）に倫理的嫌悪観と次期総選挙への悪影響を感じた一般議員、関税改革論者などの重複した党内連合勢力から構成されていた(7)。それに加えて、連立に伴うポスト配分の少なさに不満を持つ若手議員や、自由党との選挙協力を必要としない「安泰」選挙区選出議員も含まれていたと考えられる。

一方、賛成した88人の多くは中産階級的ビジネス利益の代表者であったため、既述のように労働党・社会主義台頭阻止と、自由貿易維持（関税改革反対）がその主な反対理由であったと考えられる。しかもバルフォア（Arthur James Balfour）、バークンヘッド卿（Lord Birkenhead）など閣僚級大物クラスの政治家がかなり含まれていた。いずれにしてもこの会合の結果、連立に賛成だったチェンバレンに代わり、反連立の立場を明確にしたボナ＝ローが満場一致で1922年10月23日に再び保守党党首となった(8)。そして1918年総選挙結果（表2を参照）に基づいてロイド＝ジョージの後継首相に就任した。

この保守党による1922年の決断の結果、次のような状況が生まれることとなった。

① 旧連立派と反連立派（現・主流派）とに分裂したため、保守党は多数議席に支えられていたとはいえ、やや党内不安定気味になった。これ以後特にボールドウィンたち保守党首脳部は、旧連立派による造反ないし反撃の恐怖に常に悩まされることになる。

② カールトン・クラブの会合から1か月後（11月）、新首相ボナ＝ローは、連立時代の終焉をアピールするため、さらには党として関税改革に当分着手しないことを表明するため1922年総選挙を実施して大勝した（結果は表2を参照）。その結果、労働党が初めて国政第一野党、すなわち「制度上・形式上」オポジションの席に座った。逆に自由党は従来どおりアスキス派とロイド＝ジョージ派に分裂して第三党に転落

した。

　潜在的政権政党としての労働党の成長を現実として保守党が認め、恒久的なオポジションとして労働党を慣らしていく必要性を受け入れる土壌がこうしてできあがっていった。一方労働党の側でも、前述したオポジション化の指標のひとつ、③「党独自の政策立案能力の制度化と機能化」が進展した。具体的には、労働党「影の内閣（Shadow Cabinet）」の起源ともいうべき「議会労働党執行委員会（Parliamentary Executive Committee）」が1923年2月に設置されている。ただしこの名称は労働党全国執行委員会（National Executive Committee）と紛らわしいため、1951年以降「議会委員会」に変更された。
(9)

　したがって初期労働党オポジション化プロセスの出発点としての意義を、ロイド＝ジョージ連立内閣瓦解に見出すことができるであろう。こうしてポスト1922年のいわば「正常な」二大政党政治の基本的枠組みが定まった。特に保守党サイドでは、「ロイド＝ジョージ個人とその連立」――権力・利権集中――に対する反動が強く見られたというところが興味深い。この点で、本書の第1章で触れた「ウォルポール（Robert Walpole）とその体制への反発」との歴史的類似点が見られなくもないといえよう。

　こうした1922年の一連の出来事を歴史家のピュー（Martin Pugh）は、長期的視野に立った保守党の 'the New Strategy 1922' と位置づけ重視している。その戦略は保守党と労働党による支持者獲得を通じて「労働党」に関する議論に集中し、労働党を院内多数派主要勢力として（国家構造に）組み込んで、逆に自由党右派とその支持者を保守党支持に転換させるという長期的な視野に立つものであった。1922年総選挙での保守党勝利は、その実行可能性を証明するものになったというのである。
(10)

　換言すれば、その新戦略はまずボナ＝ローによって開始され、そして後述するボールドウィンによって受け継がれ完成される「ノーマルな政党政治への復古」を意味していた。そしてその具体的な手段こそ、まずロイド＝ジョ

ージの追い落とし、次に労働党内閣の可能性に関する保守党側の懸念の払拭だったのである。したがって保守党主導によるロイド＝ジョージ連立内閣との訣別（1922年の新戦略）は、間接的ではあるが初期労働党のオポジション化プロセスの第一歩として評価してもよいと考えられる。

3．第一次マクドナルド内閣成立をめぐる主要政党の動向

　ここからは、イギリス政党政治史上初となる労働党内閣（第一次マクドナルド内閣）誕生の経緯を振り返り、同党オポジション化プロセスの特質を探っていくことにしたい。

　その幕開けは、与党保守党の動きに左右されていた。健康上の理由で1923年5月に党首（首相）を辞任したボナ＝ローの後継党首（首相）はボールドウィンである。党首・首相就任早々――ブレークによると理由は謎とされているが――彼は総選挙勝利の見地ではタブーとされていた関税改革導入を争点として、前回総選挙圧勝の1年後であるにもかかわらず、突然解散総選挙を断行し、案の定その議席数を減らしてしまった（表2を参照）。しかしここから誕生したのが第一次マクドナルド内閣であった。そこで、まずブレークの記述に基づいて――与党側からすれば無謀ともいえた――この1923年総選挙断行に関する保守党側の背景と動機を考察してみよう。

　1923年秋、大量の失業者が出た。そこでボールドウィンは積極的な救済策として以前から導入が議論されていた保護関税政策採用（関税改革）を――前述のようにボナ＝ローの公約があったにもかかわらず――演説で表明した。保守党内では寝耳に水であったが、もっと驚くべきことにボールドウィンは、関税改革（保護貿易主義への転換）導入の是非を争点として、国王に下院の解散・総選挙（12月実施予定）まで要請したのである。関税改革の導入に総選挙は必要なかったはずである。またそれ以外の政策的選択肢で失業者を減らす余地もあったと思われる。

　周知のように関税改革には、国内産業生産者保護、関税収入再分配による社会政策充実化という側面があった。しかし同時に中産階級や労働者階級の

多い都市部消費者層からすれば、割高なパンを買わされる可能性をも意味していた。そのため失業対策上はある程度有効かもしれないが、総選挙勝利という観点からすれば関税改革導入は都市部大多数の大衆有権者には不人気になりやすく、それを前面に掲げて戦うことは無謀どころか自滅行為ともいえたのである。

　こうして保守党が「保護主義」を掲げたのに対し、多くの中産階級や労働者階級を支持基盤とする自由、労働の両党は、消費者生活者の利益重視のため「関税改革反対／自由貿易維持」を訴えた。特にこの対立軸は慢性的分裂状態にあった自由党に一時的なメリットをもたらした。保護関税反対という点でアスキス派とロイド＝ジョージ派が提携したため、一時的にせよ両派が協力し団結できたからである（159議席、得票率29.6％）。もっともこの1923年総選挙は、自由党がオポジションとみなされ、またオポジションとして戦う機会としては最後の総選挙となった。労働党は前回（1922年）より49議席増の191議席、得票率30.5％で、いわゆる小選挙区効果を存分に得る結果となった。与党保守党の得票率はほとんど変わっていないが、議席数を前回より87減らして258議席、過半数に届かない比較第一党となってしまった。ゆえに、いわゆる「ハング・パーラメント（hung Parliament）：過半数議席を獲得した政党が皆無の議会」が出現した。

　ボールドウィンがあえて解散総選挙に踏み切った理由は必ずしも明らかではない。失業増加への懸念はもちろんあったであろうが、獲得したばかりの自分の政権を質に入れてまで冒険するような性格の持ち主ではない。ブレークの推察は、前述したかつての敵、特にロイド＝ジョージを中心とする旧連立派による巻き返しと、その中道右派連合構想復活をボールドウィンが必要以上に恐れていたためではないかというものである。確かに総選挙実施によって自由党は団結し、保守党から距離を置くようになった。またボールドウィンは党内から当然非難された。ところがボールドウィンおろしで保守党内がまとまらなかったのは、旧連立派による造反のうわさが広まっていたこと、そして多くの保守党議員が最も嫌うロイド＝ジョージに対する防波堤は彼し

第1部　オポジションの思想と歴史

かいないということを理解していたからだと思われる。それゆえ後述するように「首相」の座は手放すことになったが、「党首」については引責辞任しなくて済んだのであろう。

　ピューによれば1923年総選挙は、関税改革という争点が示されたことでポスト連立政治のあり方を従来どおり二極化するうえで役立った。だからこそ、この総選挙は1920年代の政治的パターンを決定づけるほど重要なものであったとされる。[14] そこで今度は、1923年総選挙から第一次マクドナルド内閣成立に至る主要政党の動向について検討してみたい。

・保守党

　まず比較第一党党首ボールドウィンは、関税改革を争点としてその賛成派が敗北した以上、自由貿易派が次期政権を担当すべきだと考えていたようである。これは憲政の常道ともいうべきものであって、特に驚くには値しない。党内の敗北責任追及を切り抜けたため、年末には新議会召集を閣議決定したが、自由党とは──アスキスともロイド＝ジョージとも──交渉しなかった。このことは自由党と労働党が連立内閣を形成する可能性を示しており、換言すれば保守党政権が倒れる道を自ら用意したようなものであった。普通の保守党政治家と比較してボールドウィンは、労働党内閣成立の見込みに関してはかなり冷静であったとされている。それはマクドナルド率いる労働党の穏健主義を確信していたからだともいわれている。[15]

　あるいは経験不足で未知数の労働党内閣成立を利用して、自由党支持者の吸収、保守党の団結そして自身のリーダーシップ安定化を目論んでいたのかもしれない。いずれにせよ、ボールドウィンにとって労働党内閣誕生は長期的にはプラスにこそなっても、決してマイナスになるものではなかった。その背景には、既述したロイド＝ジョージおよび党内旧連立派との確執が残存していたからである。

・自由党

　まず驚くべきことに自由党は、総選挙勝利後の労働党との取り決めを文書というかたちで明確に残していなかったようである。結果として、独自路線を採用していた労働党（比較第二党）からの見返りはほとんどなく、「労働党・自由党」連立内閣形成の機会は失われた。これは自由党にとって、失策以外の何ものでもなかった。[16]

　さらに保護関税阻止という点でつかの間の党内団結は得られたものの、アスキス派とロイド＝ジョージ派の党内分裂は容易に修復できるものではなかった。例えばアスキスの政治目標は社会主義政権誕生阻止よりも、ロイド＝ジョージ派自由党への妨害にプライオリティが置かれていた。あるいは自由党左派はボールドウィンの政策に憤慨し、自由党右派は労働党政権に反対していた。この時点で自由党が統治政党として生き残るには、アスキスを首相に任命するよう国王に要請して、マクドナルド内閣成立を阻止するしかなかったとされている。このように党内分裂とファクショナリズムに伴う強力なリーダーシップの不在、そして党方針の不統一が、結果的に第一次マクドナルド労働党内閣形成に貢献したことがわかる。[17]

　クック（Chris Cook）の『自由党小史』（*A Short History of the Liberal Party 1900-1984*, 2nd ed., 1984）によると、表2にもあるとおり1923年総選挙の結果比較第三党となった自由党は、キャスティング・ボートを行使できる「バランス・オブ・パワー」の位置にあった。その立場を自由党首脳も十分認識していた。しかし同時にこの状況は、「自由党がその行動方針をまず自ら決めなければ事態が動かないという」ことでもあったのである。それゆえ既述のように自由党は分裂したまま、労働党の真の実力を正しく評価することもできず、労働党内閣誕生を手助けするかたちとなった。[18] それは制度上のみならず、実質的にも「真のオポジション」としての資格が失われることを意味していたのである。

・労働党

　関税改革が総選挙の争点だった以上、憲政の常道からも政策面から見ても関税改革反対派の労働、自由両党の連立内閣こそ本来理想的な組み合わせだったはずである。しかし周知のように国王ジョージ5世（George V）からの組閣の大命はマクドナルドに下った。第一次マクドナルド内閣（1924年1～10月）は、厳密にいえば労働党単独内閣ではなく、広い意味では自由党も閣外協力する少数党連合政権といってよいかもしれない。[19] 閣僚には元自由党、元保守党の政治家も加えており、少数党内閣ゆえ自由党とも協力しやすい「穏健な」顔ぶれの内閣であった。したがって労働党首脳部には完全な社会主義政策を実現するつもりはなく、そもそもそれは不可能であった。自由党特に左派の支えがないと行き詰まる政権であったが、自由党なしでも単独で政権を担えることを証明することが課題であったといえよう。

　1923年総選挙の結果を受けて行われた、組閣に関する労働党内の議論から、党の方向性に関して以下の三つの対応策が浮かび上がってくるとされる。

① 労働党は第二党とはいっても少数党なので、政権を担当すべきではない。第一次マクドナルド内閣の蔵相となったスノーデン（Philip Snowden）などは、「自由党・保守党」連立内閣がよいと考えていた。
② まず組閣したうえで大胆な社会主義政策を実施すべきである。しかし保守党と自由党の大反対に直面して労働党内閣は行き詰まるから、そのとき解散総選挙を行って社会主義政策への賛否を問えばよい。これは党内左派（独立労働党系）の主張であった。
③ 少数党の立場を弁え、自由党が労働党内閣を支持する代わりに政策要求をしてきたらそれを受け入れる。統治責任回避という非難を恐れたマクドナルドら党首脳部の見解がこれであった。[20]

　現実に採用された路線は③である。第一次マクドナルド内閣の基本的性格はここから生じた。そしてここに、初期労働党のオポジションとしての自覚

の芽生えを垣間見ることができる。労働党が選択した路線は、教条的でも極端な理想主義でもなく、柔軟性のある現実主義的なものといってよい。実際にまず政権を担当しないかぎり、「責任野党」はもとより「潜在的政権政党」にはなり得ないからである。

　以上のように第一次マクドナルド内閣成立をめぐる主要政党の動向を検討してみると、以下の点が明らかとなる。
　第1に、真のオポジションとして不可欠な「政権意欲」および「適応性」に該当する基礎体力のようなものが、1918年以降労働党には一応備わっていたことがわかる。これはリーダーであるマクドナルド個人の性格や存在という「偶然的要素」の産物なのか、それとも労働党自体の全体的な変化、特質という「構造的要素」のほうが大きいのか。どちらにせよ労働組合と社会主義の政党、あるいは階級政党という顔はあっても、同時に国民的視野に立脚し、伝統的国家構造（憲法）の枠内で政権獲得維持を目指す政党でもあったことは確かなようである。
　第2に保守党とりわけ党首ボールドウィンをめぐる事情（旧連立派の存在と影響）も、初期労働党オポジション化の出発において大きな意味を持っていた。当時のボールドウィンの台所事情からすれば、ロイド＝ジョージの顔がちらつく中道右派連合より、「穏健な」労働党内閣の誕生とそれとの「二大政党」対決のほうが望ましかったのである。そして第3に、初期労働党オポジション化の最大の犠牲者といえる自由党の立ち位置や分裂という要素も、かなり重要な役割を果たしていたことがわかる。
　こうしてみると初期労働党オポジション化プロセスの出発点においては、労働党以上に保守党と自由党の関係とか両党の党内事情という、労働党側から見れば「党外状況」が、比較的大きな意味を持っていたといえよう。それは換言すれば、二党制を前提とする「イギリス的国家構造（憲法）」の賜物でもあったと考えられる。そして、それら一連の外的状況に適応できた労働党の――諸派連合戦線的性格から政党としての――成長の産物でもあったの

である。

4．第二次ボールドウィン内閣期の「野党」労働党

　与党としての第一次マクドナルド内閣のパフォーマンスについては、本書の研究対象にならない。むしろ同内閣が解散に踏み切って予想どおり敗北した1924年総選挙から、再び政権を奪回する1929年総選挙までの野党期、すなわち第二次ボールドウィン保守党内閣期（1924〜1929年）のほうに注目しなくてはならない。一度、しかも初めて政権を担当した労働党が下野してから政権復帰するまでの期間に、同党オポジション化プロセスの要諦を見出すことができると考えられるからである。そこでまず、短命に終わった第一次マクドナルド内閣の意義について整理してみることにしたい。

　オポジション化プロセスという視点から見た場合、第一次マクドナルド内閣の意義はむしろ保守党のほうに見出せるかもしれない。労働党影の内閣の出発点については既に触れたが、保守党のそれは野党に転落した1924年2月、すなわち第一次マクドナルド内閣時代に求められるからである。具体的には、ボールドウィン党首の党組織改革の一環として恒常的な「諮問委員会（Consultative Committee）」とそれを支える政策事務室（a policy secretariat）が1924年に設置された。また、ポスト連立時代の新しい保守主義を示し、初の労働党政府に真のオポジションとして政策面からはっきり対抗するため、同年6月にはネヴィル・チェンバレン（Arthur Neville Chamberlain）の指導下で「目標と基本方針」が発表されている。[21]さらに1922年のロイド＝ジョージ連立内閣瓦解と総選挙にも関連するが、1923年4月には1922年初当選議員の教育機関として、有名な「1922年委員会（1922 Committee）」が設置された。しかしそれは1923年総選挙敗北の余波で（オポジション時代に）、現在のようなすべての保守党（一般）議員用党内フォーラム組織として発達し、今日では例えば党首選挙を管理する役割をも担うようになったのである。

　こうしてみると初の労働党内閣は、保守党組織改革と政策リニューアルのための、換言すれば野党保守党の政権構想力と政権奪回力——真のオポジシ

ョン力——の回復に必要不可欠な時間稼ぎとして利用されていたといえるであろう。マクドナルドに対し個人的に好意を持っていたボールドウィンは、労働党政権を短期間許した。しかも無理やり労働党内閣を叩き潰すことはせず、その間保守党のオポジション力回復と自分の党内リーダーシップ安定化に成功したことになる。同時にマクドナルドも、自由党と提携するより単独で保守党と対決あるいは協調する路線を選択していたと考えられる。そうすることで必然的に自由党以上に労働党のほうが、次第にオポジションらしくなっていったといえよう。

そうした意味で1924年総選挙は、自由党から搾り取り、そして労働党を「オポジション」にして、結果的に連立政治以前の a polarized political system へと復帰させた点にその意義を見出すことができる。これらは、表面上イデオロギー的には対立関係にあった保守党ボールドウィンと労働党マクドナルドの、裏の共通目標でもあったとされる。まさに1924年という年は、1920年代のみならず現在のイギリス政党政治の原型でもある 'the MacDonald-Baldwin Axis' の幕開けでもあった。[22] マクドナルドの目標は明確で、労働党の政権担当能力を少数党ながら現実的に証明することである。さらに、労働党や社会主義との関係、失業対策などで独自の路線とリーダーシップがはっきりしない「第三政党」・自由党の没落——前回の159議席から40議席へ——を決定づける総選挙でもあった（表2を参照）。

いわゆる「ジノヴィエフ書簡（Zinoviev letter）」[23]事件と、野党保守党の大勝——もっとも議席数を減らして敗北した労働党も、その得票率では逆に30.5％から33.0％に増加しているが——で有名な1924年総選挙は、対ソ条約の是非、（下院多数党に基づく）安定した政府の必要性、そして特に住宅（社会主義的）と失業（有効な理念が示せなかった）問題に関する初の労働党政府のパフォーマンスが主要争点となった。とりわけ対外政策における理想と現実とのギャップを埋めていく努力は、政党のオポジション力形成には欠かせない。

一方戦いの準備不足に加え、二大政党にはさまれたかたちの自由党は、こ

れらすべてに何一つ貢献できなかったのも当然であろう。この当時アスキスは、労働党に統治を任せておく間に自由党組織を再建するという、前述のボールドウィンと同じ考えを持っていたが、断固としたリーダーシップを取らなかったため、地方党員に不満が拡大していた。他方でロイド＝ジョージは労働党との建設的パートナーシップと具体的な改革を実現したがっていたにもかかわらず、肝心のマクドナルドからは見向きもされなかったのである。[24]

さて、ここからは1924年総選挙以後における「野党」労働党のオポジション化プロセスを見ていくことにしたい。ただその前に、わずか1年間（1924年）で「オポジション力」回復に成功し、与党に復帰したボールドウィン保守党の動向も簡単に整理しておく。

・保守党

既述のように1924年の労働党内閣誕生に合わせてボールドウィンは、反社会主義の立場を明確にする一方、穏健な改革や階級対立仲裁、社会的調和の必要性をさまざまな演説で強調し続けた。のちにNew Conservatismと称されるようになったこの新しい保守主義「ブランド」は、寛容とフェア精神をイメージさせた。そのため自由党支持者はもちろん、穏健な労働者階級からも支持されやすいものであったといえよう。

したがってボールによれば、この時期にオポジションの保守党が成功を収めた分野として次の四つを指摘できるという。①自由党の分裂を利用して搾り取ること、②党組織の強化、③穏健かつ魅力的な新綱領の発展、そして④労働党内閣を体制内に包含しつつ封じ込めることがそれであった。保守党が労働党内閣を即座に倒さなかった理由として、前述した時間稼ぎ以外では、「労働党にフェアなチャンスがあると思わせることも重要だった」のである。[25] 議会における保守党の対労働党政策には、相反する二つの側面があるという。特にボールドウィン周辺では労働党（政府）を正統性のある権力として受容し、フェアで穏やかな対応によってその地位にふさわしい特権と敬意を与えた。他方で、一般議員や委員会レベルにおいては、労働党政府立法の

妨害や修正のための手続きと戦術を工夫したりもしていた。[26]

これまでの考察から、1920年代の保守党としては、自由党より労働党を生かしておくほうが何かと好都合だったと思われる。そうするとイギリス的国家構造（憲法）の枠組みを維持しようとする限り、そこから外されるのが自由党となるのは必至だったのである。

・労働党

ここからは野党期（第二次ボールドウィン内閣期）の初期労働党オポジション化について、前述した三つの指標ならびに「党首」という観点から、評価検討していくことになる。それを通じて初期労働党オポジション化の経緯、特質を分析してみたい。

① 政権意欲

序章でも触れたように、政権を奪回しそれを少しでも維持しようとする党全体の活力である。マクドナルドの一連の行動から一応それを読み取ることはできるが、曖昧かつ抽象的な側面があることも否めない。そこで政権構想力の一つでもある「党政策」の具体的作成という見地から、政権意欲の度合いを検討してみよう。

犬童一男氏の『危機における政治過程——大恐慌期のイギリス労働党政権——』東京大学出版会、1976年によると、少数党内閣ゆえの「権力なき政権」・第一次マクドナルド内閣は、1924年総選挙敗北後、野党として「次の総選挙で勝利して多数派内閣を組織するための準備段階に入」った。この段階での注目点として、「少数派内閣イメージの修正」と「統治政党型政治指導の形成」の二つが挙げられるという。いわゆる相対的安定期の内政外交状況に関連した党の内外政策形成の土台となる、1920年代後半期の綱領論争、社会主義論争がその背景にあった。また、この論争を通じて労働党内「主流派／漸進派」（マクドナルド指導下の院内労働党主流派、労働組合会議右派・中間派から構成）と、「反主流派／急進派」（独立労働党、労働組合会議左派など）との対

立・抗争も存在した。[27]

　次期（1929年）総選挙の1年前に完成した新内政綱領の意義として、労働党が——とりわけ独立労働党系知識人指導部が提唱したおかげで——「綱領政党」へと発展したこと、少数労働党内閣にポジティブな意味を持たせた点、またそれをめぐる論争プロセスに伴いマクドナルド中心の党内「漸進派」リーダーシップが確立したことが指摘されている。さらに、労働党が作成した歴史的外交綱領とされる、理想主義的国際連盟重視策と平和政策による「労働党と国民」も作成された。これは、1929年総選挙以後政権を担った第二次マクドナルド内閣で展開されることになる。内政綱領と同じくこの外交綱領の形成プロセスは、マクドナルドら党内漸進派のリーダーシップ確立に貢献した。犬童氏によると、こうした外交綱領は内政綱領より低く見られがちであるが、労働党の統治能力が実際は保守、自由両党と同質であることを示すので、党内権力統合と政権獲得プロセスにおいて大きな位置づけがなされるべきものである。[28]

　当時の労働党内閣は少数党の立場で政権運営せざるを得なかった。潰される可能性の高い本格的内政政策より、党派を問わず国益を前提とする外交政策も重視したことは、同時期の労働党の「政権意欲」のみならず、「適応性」をも証明するものであったといえるであろう。

② 適応性

　「政権意欲」を土台として、内外の諸問題を柔軟かつ非ドグマ的に処理する能力、順応性がこれである。また、序章にもあるとおり政党の理念（理想）と現実との間のギャップを埋めようとする努力や能力でもある。「フェビアン流漸進的社会主義」の実現、「自由－労働主義」に基づく選挙戦略、そして第一次世界大戦時における「連立内閣への参加」と戦後の「独自路線の追求」、①「政権意欲」の項でも説明した経緯を踏まえると、労働党の「適応性」という体質はかなり以前から存在しており、その延長線上に①で示した成果が当然あるということになる。

とりわけ第一次世界大戦と戦後は、常に初期労働党史の底流に存在した「労働組合」と「社会主義団体」との緊張対立関係を融和させた——新たな「労働同盟」の確立——という意味で、労働党のオポジション化にも大きな役割を果たしたと考えられる。また周知のようにイギリス労働党は、設立当初から「諸派の連合体」という性格を持っている。それゆえ第一次世界大戦と連立内閣への参加問題は、党内融和志向態度や統治経験をもたらしただけではない。「支持階級の利益か、国家国民全体の利益か」といったオポジションには欠かせない重大なテーマを真剣に考えなければならない状況を同党に与えることにもなった。こうして単なる「（体制内）対抗政党」ではなく、「オポジション（見習い）」として労働党は鍛えられていった。こうした経験によって、オポジションとしての同党の「適応性」が成長していったと考えられる。

③　党独自の政策立案能力の制度化と機能化

　これについては本章で既に触れたとおり、奇しくも1923年と1924年は、労働党と保守党の「影の内閣」制度化と機能化の出発点として位置づけることができる。既述のようにそれは、ポスト連立政治の「正常な政党政治の姿」への復帰にふさわしい役割を担っていた。

　マッケンジー（Robert McKenzie）によると第一次マクドナルド内閣崩壊時（1924年10月）の「議会労働党執行委員会」のメンバー選出は、1923年2月の初設置時と同じように再建されたようである。こうした恒常化もオポジション化においては、重要な意味を持つといってよい。また1924年から1929年までの野党期、院内労働党は労働党活動の支配的勢力となり、それ以来「同委員会」は野党時代の最有力機関となった。議会内で労働党が果たす役割を決定づけるうえで、強い影響力を行使できたからである。同時に、前首相あるいは将来の首相たるべき党首がその中心部に存在するからである。(30)

　したがって、議会労働党執行委員会の制度化と機能化は、初期労働党オポジション化を説明する貴重な材料として位置づけることができるのである。

第1部　オポジションの思想と歴史

　最後に、三つの政権構想力の最重要ポイントとなる「党首」――ここではマクドナルド――という観点から、その労働党オポジション化における意義について考えてみたい。
　貴族的風貌でカリスマ的な外見の持ち主だったといわれるマクドナルドほど、新党構築に役立った人は過去にいなかったという評価すらある。こうした側面は上流階級の「労働者階級アレルギー」払拭にある程度貢献したと思われる。1924年、大臣経験のない彼は、組閣能力不足を十分認識しつつも自信を失うことなく組閣にチャレンジして、保守党代替政府としての立場を確立した。[31]
　マクドナルドが労働党の党首として活躍したのは、1922～1931年の9年間である。[32] そのなかでも特に1924年の初組閣は、「党のスポークスマン的存在」から「優越的なリーダー」へと労働党党首の位置づけを転換させることになった。組閣における党内の干渉を首相は受けるべきではないという保守党自由党的観念をマクドナルドも共有していたからである。また、マクドナルドの院内リーダーシップは突出していた。なぜなら彼は、道徳的正直さの代弁者として院内外にアピールできたし、その政治観に柔軟性があったので党内各派からそれぞれのスポークスマンとして重宝されていたからである。「労働党の大義」の下で党内各派の意見をまとめ、それらを土台に統一勢力を形成できるリーダーとして、明確な哲学の代用品としての役割を果たしていた。[33]
　そうした意味で、やはりマクドナルドは、初期の労働党において同党議員を束ねることのできる「生まれながらの議会人」であったのかもしれない。マクドナルドのパーソナリティと彼が党首であったという偶然的要素は、1922年から1923年にかけて彼を軸として反対党「党首」という名称が労働党内にも定着したこと、そしてボールドウィンとの個人的相性などを考慮すると、初期労働党オポジション化プロセスにおいて大きな意味を持ったことは否定できないであろう。

以上の考察を踏まえると、1924年から1929年の——あるいは1918年もしくは1922年以降といった方がよいかもしれないが——マクドナルド野党時代を通じて初期労働党のオポジション化プロセスは意外とスムーズに展開していったと見ることができる。その背景として、保守党のボールドウィン側のほうに労働党をイギリス的立憲政治、議会政治に早く馴染ませようとする狙いが戦略上存在したことを忘れてはならない。したがって初期労働党のオポジション力（政権構想力と政権奪回力）は、その努力と幸運とによって比較的早く順調に芽生えていったと見ることができるのである。

5．おわりに

マクドナルド労働党の政権奪回は1929年5月の総選挙で成功し、今回も少数与党ながら初の比較第一党となったため、同年6月に第二次マクドナルド内閣が成立した。この総選挙は周知のように、21歳以上の男女に選挙権を付与した選挙法改正（1928年）以後初めて実施された。得票率では保守党が、獲得議席数では労働党が勝利を収める結果となった（表2を参照）。自由党のみ相変わらず低迷しており、2人の戦略的思想的類似性に立脚した、前述の「ボールドウィン（保守党）とマクドナルド（労働党）による1924年の枢軸」が、ここに完成したのである。

世界恐慌の悪化に伴う1931年マクドナルド挙国一致内閣成立までの2年間、真のオポジションとしての経験が失業対策面などで活かされたかどうかは疑問の余地がある。それでもマクドナルドは少数党ゆえ、自由党とも一部提携する必要があったので国家的見地からの政局運営を志向したし、組閣も以前よりスムーズに行われた。そして何よりも、前述した新しい党独自の内政・外交綱領に基づいて——世界恐慌までは——政策を実現していこうとした。しかし他方で、社会主義的政策の実現に固執した独立労働党系急進派とは次第に対立を深めていくことになる。これらも労働党オポジション化に伴う成長の証であると同時に、一種の試練であったといえよう。

犬童氏によれば、1929年組閣時とその直後の労働党は、1924年当時よりも

第1部　オポジションの思想と歴史

政権担当に関する党内態勢は整っていた。そのため少数党ゆえの明確な政権構想が存在した。また、国王演説や議会での討論を見ると、権力安定化への苦心とマニフェスト実現への苦心とが読み取れるので、統治能力実証に必要な「権力状況への適応姿勢」が既にあったといえるという。[34]

ちなみにイギリスのオポジションと影の内閣を法律上財政上公認した1937年の有名な「大臣法（the Ministers of the Crown Act）[35]」は、1936年の議論に基づき第三次ボールドウィン挙国一致内閣において制定されたものである。戦時協力以外に、既述の「ボールドウィン、マクドナルド時代の経験」がその背景にあることは容易に推察できると思われる。

主として1920年代のイギリス労働党が「真のオポジション」として成長、発展していくプロセスからわかる経緯、特質として、以下の2点を挙げることができる。

① まずロイド＝ジョージの中央党創設プランに対する保守党側の拒絶反応と、それに伴う党内事情と新戦略（従来的独自路線の追求）。第2に、1918年ならびに1922年以降本格化した労働党の自主独立路線追求。これら二つの流れがほぼ同時進行していった。第一次大戦から戦後4年間のうちに既成事実化していた「伝統的イギリス国家構造（憲法）」変革にも匹敵する「変則状態」が、結局ボールドウィン（保守党）とマクドナルド（労働党）の利害関係と思惑の一致によって阻止された。両者とも「真のオポジション」として団結し、生き残るという共通の明確な目標がその過程に見出せる。その一方で自由党は、政党もしくはオポジションとしての労働党の台頭に直面しながら、明確なリーダーシップと政策そして何より「目標」を欠いたまま分裂状態から脱却できなかった。そのような自由党が、a polarized political system を基調とするイギリス的国家構造の枠組みから脱落し、制度上も実質上も「真のオポジション」の座から転落していくのは時間の問題でもあった。保守党と労働党、そして自由党との明暗は、こうした「真の

オポジション」としての「自覚」の差によるところが大きい。
② ボールドウィン率いる保守党が「統治政党」ないし「オポジション」として機能するには、イギリスの国家構造上「オポジション」の予備を必要とした。ロイド＝ジョージの影がちらつく自由党と、反連立派のボールドウィン保守党がその面で提携できない以上、労働党をいわば「生かさぬよう、殺さぬよう」もう一つの「オポジション」として養育していくことが課題となった。よって労働党からすれば、老舗の「政権政党」保守党側の党内事情と戦略に左右される結果となった。マクドナルド率いる1920年代の労働党は、そうした保守党側の期待に沿えるほど、政党としてもオポジションとしてもその基礎体力が――独自の政策綱領作成などの点で――備わっていた。そうした意味で労働党内外の構造的な変化と、オポジションにふさわしいリーダーという偶然的要素の組み合わせで、初期労働党のオポジション化は進展した。

以上から、特にオポジションとしての初期労働党を支え、それを「養育した」のは、伝統的なイギリスの国家構造とそれを志向する態度、それに関連する保守党側の戦略と党内的必要性、そして1918年以来の成長とその経験に基づいた労働党の能力と努力であったことがわかる。究極的には、イギリス的国家構造と政党政治の根底に潜むダイナミズムと、時代ならびに政治経済システムの変化が、初期労働党のオポジション化に貢献したといえるのである。

註
（1）この点については、Angelo Panebianco, *Modelli di Partito : Organizzazione E Potere Nei Partiti Politici,* 1982（村上信一郎訳『政党―組織と権力―』ミネルヴァ書房、2005年）を参照のこと。
（2）Robert Blake, *The Conservative Party from Peel to Thatcher,* 1988,

pp. 197-198.

（3）戦争指導者としての適性という点も含めて、1916年、当初連立内閣の首相だったアスキスを継いだのがロイド＝ジョージであった。しかしその後も自由党の公式の党首はあくまでアスキスであり、ロイド＝ジョージが自由党党首に就任したのは1926年10月のことである。この両者の対立とそれに伴う党内分裂は、自由党の衰退と没落に大きな影響を及ぼした。

　　Cf. David Butler and Gareth Butler, *British Political Facts 1900－1985,* 6th ed., 1986, p. 158.

（4）具体的には1918年2月に新たな党規約を採択し、個人党員加入を前進させ、党の目的を明確化した。また、同年6月における27項目の政策決議を土台とした政策綱領「労働党と新社会秩序」をまとめたが、その主な支柱ともいえる諸原理は、①ナショナル・ミニマムの普遍的実施、②産業の民主的統制（生産手段公有化の必要性）、③国家財政における革命（累進課税制度導入）、④公共の福祉のための余剰財による富の再分配から成っていた。杉本稔『イギリス労働党史研究　労働同盟の形成と展開』北樹出版、1999年、124-125頁。

（5）Martin Pugh, *The Making of Modern British Politics 1867－1939,* 2nd ed., 1993, p. 222.

（6）*Ibid.,* p. 220.

（7）R. Blake, *op. cit.,* p. 209, p. 211.

　　特に会合前日（10月18日）に実施されたニューポートでの補欠選挙で、自由党連立派に対抗した保守党候補者が勝利したことも、投票結果に直接のインパクトをもたらしたと推察されている。M. Pugh, *op. cit.,* p. 223.

　　ちなみにこのときの投票結果を、連立維持賛成…86、連立維持反対…187とする資料もある。

（8）実は今日的意味で「保守党党首（Leader of the Conservative Party）」という言葉が正式に用いられるようになったのは、会合の結果、ボナ＝ローが党首に返り咲いた1922年10月23日以降のことである。それ以前は、多少本文でも触れたように保守党の下院指導者と上院指導者2人のうち、与党であれば首相になったほうが、野党の場合は元首相か、あるいは両者が共同で実質上「党首」と認識されていたにすぎない。

　　Anthony Seldon and Stuart Ball (eds.), *Conservative Century　The*

Conservative Party since 1900, 1994, p. 773.
(9) M. Pugh, *op. cit.*, p. 222.

Stuart Ball, "Democracy and the Rise of Labour: 1924 and 1929-1931", in S. Ball and A. Seldon (eds.), *Recovering Power The Conservatives in Opposition since 1867*, 2005, p. 135.

また、この点については、Robert McKenzie, *British Political Parties The Distribution of Power within the Conservative and Labour Parties*, 1964（早川崇、三澤潤生訳『英国の政党―保守党・労働党内の権力配置―』下巻、有斐閣、1970年）を参照のこと。

(10) M. Pugh, *op. cit.*, pp. 224-225.

(11) *Ibid.*, p. 225.

(12) R. Blake, *op. cit.*, pp. 218-221.

(13) *Ibid.*, pp. 220-221.

(14) M. Pugh, *op. cit.*, pp. 225-226.

(15) S. Ball, *op. cit.*, pp. 137-138.

ボールドウィン保守党政府は国王演説でマニフェストどおり保護関税政策を表明したが、下院で労働党が自由貿易への修正動議を提出して自由党もこれを支持した。採決の結果1924年1月、72票差で保守党が敗北し、翌日ボールドウィンは首相を辞任した。枢密院会議を経て国王ジョージ5世は、比較第二党の指導者マクドナルドに組閣を命じた。

(16) R. Blake, *op. cit.*, pp. 222-223.

(17) M. Pugh, *op. cit.*, pp. 226-228.

(18) Chris Cook, *A Short History of the Liberal Party 1900-1984*, 2nd ed., 1984, pp. 95-96.

(19) この点については、David Butler (ed.), *Coalitions in British Politics*, 1978（飯坂良明ほか訳『イギリス連合政治への潮流』東京大学出版会、1980年）を参照。

第一次マクドナルド内閣の構成は、7人の労組出身者、マクドナルドやスノーデンなど独立労働党系、フェビアン協会関係者のほか、元自由党や元保守党の人びとも含まれていた。杉本、前掲書、136頁、152頁。

(20) 杉本、前掲書、135頁。

(21) R. Blake, *op. cit.*, pp. 223-225.

なお、保守党政策マシーンの形成と発展に関しては、党内関税改革論争ならびに社会改革に関心の深い党内関税改革派の果たした役割が大きかった。この点の分析については、拙稿「イギリス保守党調査部創設の政治史的背景―関税改革論争を中心として―」『法政論叢』第37巻 第1号、日本法政学会、2000年を参照されたい。

(22) M. Pugh, *op. cit.*, p. 235.

(23) ジノヴィエフ書簡事件とは、偽造文書にもかかわらず、コミンテルン議長ジノヴィエフ（本名 Radomysl'skii）のイギリス共産党宛書簡（暴動を教唆する内容）だとして、1924年10月にイギリス外務省が発表したことから生じた。ボールドウィン保守党はこれを機に、唯一信用できる反社会主義政党という立場をキャンペーンで明確化し、自由党支持者を引き寄せることに成功した。しかし、これが保守党勝利に貢献した部分は実際のところほんのわずかで、むしろ資本家の共謀で労働党が政権を奪われたという印象を強めることになったという解釈もある。M. Pugh, *op. cit.*, p. 234.

(24) C. Cook, *op. cit.*, p. 97.

(25) S. Ball, *op. cit.*, p. 140.

(26) *Ibid.*, pp. 140-141.

(27) 犬童一男『危機における政治過程―大恐慌期のイギリス労働党政権―』東京大学出版会、1976年、63-64頁。

(28) 同上、83-84頁、91-92頁、107-108頁。

なお、紙幅の関係上十分な解説はできなかったが、この内政綱領作成プロセスは同書の65-82頁、外交綱領作成プロセスについては同書92-106頁で、それぞれ詳しく分析されている。

(29) 杉本、前掲書、123-125頁。

(30) この点については R. McKenzie, *op. cit.*（早川、三澤訳、前掲訳書）などを参照のこと。

(31) Dick Leonard, *A Century of Premiers Salisbury to Blair*, 2005, pp. 125-126, p. 135.

(32) イギリス労働党では当初、議会労働党の「議長（chairman）」が党首的役割を担っていた。しかしそれは党内では必ずしも特権的地位ではなかったため、

創立当時の同党が政権担当を想定していなかったということを、ここからも読み取ることができよう。労働党が議会労働党議長を「潜在的首相」とみなすようになったのは、同党が総選挙で名実ともに躍進した1922年以後のことであり、このとき初めて「議長」に「党首」という名称が与えられた。

1911年に党「書記長」から党の「議長」に選ばれていたマクドナルドは、新議会召集に伴い1922年（とりわけ1923年以降）、労働党史上初の「議長兼党首」となった。そしてこれによって議会労働党議長が「反対党党首」として公認された。Cf. R. McKenzie, *op. cit.*.（早川、三澤訳、前掲訳書を参照）。

(33) M. Pugh, *op. cit.*, pp. 229-230.

(34) オポジション力の土台として政権構想力は重要である。例えばこのときのマクドナルドの構想は、最小限2年間は政権を保持してマニフェストを実現する。そしてその実績により次期マニフェストを作成して、次の総選挙では絶対多数を取るというものであった。一方蔵相のスノーデンは、財政健全化のためにもマニフェストを実現するうえで、最低でも3年は政権に留まるべきだとしている。

また、マクドナルドと（反自由党感情の強い）一般党員が、保守党右派を除く全党派との連携構想を模索したのに対し、スノーデンは反保守党という理由から、自由党との連携構想を模索して、結局前者が決定されたという。犬童、前掲書、124-128頁、131-135頁。

(35) 同法のわかりやすい解説は、犬童一男『影の内閣　イギリス政権交代への備え』日本放送出版協会、1990年などを参照のこと。

第2部

現代オポジションの実際
：「生来の統治政党」保守党の事例

第3章 1997年総選挙と
　　　　保守党オポジション力の危機

1．はじめに

　イギリス政治史から見た20世紀は、「保守党の世紀」であったといっても過言ではない。連立内閣時代も含め約55年間与党として政権に関与してきたし、全25回の総選挙のうち14回勝利してきたからである。旧自由党や労働党と比べてみても、これらが突出した記録であることは間違いない。

　しかしながら保守党は、1997年の総選挙で労働党に惨敗し、その議席数を171も減らして165議席となってしまった。さらに2001年総選挙でも当時のヘイグ（William Hague）保守党は議席数も得票率もほとんど増やすことができず、1992年からわずか5年間で「イングランドの利益のみを代表する残党（English-based rump）」に転落したのである。そのうえ、通貨統合などに象徴される「ヨーロッパ」問題をめぐり、慢性的な党内対立状況に陥った。ヘイグの後継党首ダンカンスミス（Iain Duncan Smith）率いる保守党は、一見「欧州懐疑派」の党というかたちで武装したものの、もはや「真のオポジション」としてのかたちを成していなかった。そうした意味でポスト1997年の保守党「オポジション力」は、事実上80年代の労働党のように危機的状況にあったということができるであろう。

　政党間の自由な競合に基礎づけられるイギリス政治では、こうした栄枯盛衰はやむを得ない。しかし、サッチャー（Margaret Thatcher）およびメージャー（John Major）政権期の総選挙で4回連続勝利を果たしたにもかかわらず、わずか5年間でオポジション力の危機と衰退を生じさせた原因はどこにあるのであろうか。

　本章では、当時の保守党オポジション力の実情を明らかにして、その回復の手がかりを模索してみることにしたい。

2．総選挙と党内対立に見るオポジション力危機の現状

　既述のように1997年総選挙はブレア（Tony Blair）労働党の「地滑り的勝利」に終わったが、この総選挙最大の特徴はいわゆる「ニューレイバー」の大勝ではなく、保守党支持票の著しい減少のほうにあった。表3からもわかるように、1979年以来18年ぶりに野党（制度上オポジション）となった保守党の獲得議席数165は、戦後すべての総選挙での同党最少議席数であると同

表3　戦後総選挙結果（1945－2001年）議席数　（得票率％）

	保守党	労働党	自民党＊
1945	213（39.8）	393（47.8）	12（ 9.0）
1950	298（43.5）	315（46.0）	9（ 9.1）
1951	321（48.0）	295（48.8）	6（ 2.5）
1955	344（49.7）	277（46.4）	6（ 2.7）
1959	365（49.4）	258（43.8）	9（ 5.9）
1964	304（43.4）	317（44.1）	9（11.2）
1966	253（41.9）	363（48.0）	12（ 8.5）
1970	330（46.4）	287（43.0）	6（ 7.5）
1974（2月）	297（37.9）	301（37.1）	14（19.3）
1974（10月）	277（35.9）	319（39.2）	12（18.5）
1979	339（43.9）	268（36.9）	11（13.8）
1983	397（42.4）	209（27.6）	23（25.4）
1987	375（42.3）	229（30.8）	22（22.6）
1992	336（41.9）	271（34.4）	20（17.8）
1997	165（30.7）	418（43.2）	46（16.8）
2001	166（31.7）	413（40.7）	52（18.3）

R. Garner and R. Kelly, *British political parties today,* 2nd ed., 1998, p. 39などに基づき作成。
＊現在の自民党は、1979年総選挙まで自由党、1983年と1987年総選挙時は「自社民」同盟。

第3章　1997年総選挙と保守党オポジション力の危機

表4　党首イメージ（1997年）（％）

特　質	ブレア	メージャー	ブレアとメージャーの差
国全体のことを気にかけている	+35	+ 4	31
心配している	+71	+34	37
信用できる	+37	- 1	38
有能	+73	+ 8	65
勝利者	+65	-18	83
しっかりと責任を持っている	+51	-43	94
決断力がある	+61	-19	80
人柄が好ましい	+54	+33	21
説得力がある	+57	+20	37
国民をまとめられる	+31	-42	73

P. Cowley, "The Conservative Party : decline and fall", in A. Geddes and J. Tonge (eds.), *Labour's Landslide*, 1997, p. 47.
※ Gallup Political and Economic Index, 440, April 1997.

時に、その得票率30.7％は、第一次選挙法改正——中流階級中層部までの選挙権拡大——が実現した1832年以来最低の数字となったのである。

　1997年総選挙に関しては、既に多くの分析がなされているので、ここではメージャー保守党の大敗要因と保守党側の問題点を指摘しておくに留めたい。

　1992年総選挙からわずか5年間で保守党が大幅にその支持を減らし、1997年の敗北に至った原因についてコーリー（Philip Cowley）は、有権者側の「認識」という側面に注目した。そして当時の政府保守党と首相メージャーの立場に直接ダメージを与えた①ERM離脱に代表される経済運営上の「無能さ」、②通貨統合問題をめぐる党内対立に象徴される「分裂」、③全体的な保守党政治家たちの道徳的倫理的「いかがわしさ（sleaze）」という三つの認識が、有権者の投票行動に何らかの影響を及ぼしたことを指摘した。事実上

の経済復活や、さまざまな政策領域での党内団結を印象づけることに失敗したメージャー保守党とは対照的に、ブレアの新生労働党はそうした認識とは無縁であった。保守党長期政権に対する嫌気、党の方向転換に成功したブレア党首への首相としての期待感などもあって、1997年5月に有権者の多くが「変革の時」と認識した結果が、保守党得票率30.7%という数字になってあらわれた。そうした点からコーリーは、選挙という文脈では「認識（perception）は現実（reality）よりはるかに重要」だとしている(6)。代表的な世論調査による当時の「党首イメージ」の差（表4）を見ても、すべての質問項目においてブレアがメージャーに勝っており、とりわけ「責任感」「決断力」「国民をまとめられる」といった項目で2人の差が大きく開いていることがわかる。

　大敗した保守党は有能な統治政党としての評価を急速に失っていたばかりか、強くて頼れる指導者という認識をも得られずに総選挙を戦っていたことになる。ところが政党の政権担当能力や政策形成・実行能力――換言すれば真のオポジション力――に対する有権者の評価や認識は、過去のイギリス総選挙においてしばしば大きな意味を持った。例えば1945年総選挙でチャーチル（Winston Churchill）の保守党が大敗した要因の一つとして、保守党史研究の泰斗ブレーク（Robert Blake）は、当時「保守党の政策（綱領）が信頼性を欠いていた」のに対し、「労働党の言い分が（民衆によって）何でも考慮された」事実を指摘している。さらにそうなった背景として①失業問題や経済不況、戦争防止失敗など戦間期における政治社会的病理のほとんどが保守党に関係していたこと（過去の政策の失敗に対する不信）、②当時の世論の全体的傾向が1930年代以来、労働党支持に傾いていたことが挙げられている(7)。

　それゆえ、1997年の事例は1945年のそれとある程度比較することができるし、オポジション力回復のヒントを、1945年から1951年に至る野党期に見出すことも可能だといえるであろう。しかし1945年当時の保守党には国民的英雄のチャーチルがいたし、党内緊張関係もそれほど強くはなかった。2002年当時の保守党には第2のチャーチルもいなければ、冷戦時代に保守党を救っ

た「社会主義の恐怖」もない。逆に1995年および1997年保守党党首選挙でも具現した、「ヨーロッパ統合」をめぐる党内対立状態から抜け出せていなかった。したがって、本書の序章でも触れたように、オポジション力回復には何よりもまず魅力的な「党首」(党内問題)と、党にとっての「追い風」(党外状況)が必要不可欠であるといえる。

　1997年総選挙敗北によってメージャーが党首を引責辞任したため、オポジション力回復を託す「新党首」を、当時の党首選挙規定(第6章の表27を参照)にしたがって党下院議員のみが選出することになった。そこで今度は当時の保守党内分裂を顕著に示した1997年党首選挙の考察を通じて、同党オポジション力危機の第2の側面、特にヨーロッパ問題をめぐる党内対立の特質と問題点について触れてみたい。

　結果は表5のとおりである。候補者5人の「イデオロギー的相違(保守党では党内政策論争と党内権力抗争の基本的輪郭となる)」と、「欧州観」という見地からこの党首選挙を見てみたい。欧州統合派(親欧州派)は病気によるヘーゼルタイン(Michael Heseltine)不出馬のためクラーク(Kenneth Clarke)での一本化が可能となったが、欧州懐疑派の分裂は必至である。

　当時の(旧)党首選挙規定によれば、第1回投票で1位となった候補者は、2位の候補者に対する15%のリードを加えた過半数を獲得しなくてはならないため、第2回投票(ここでは1回目に出馬しなかった議員も立候補可能)が

表5　1997年保守党党首選挙結果 (有権者数…下院議員164人)

第1回投票	クラーク(中道左派、欧州統合派)……49票 ヘイグ(中道右派、やや欧州懐疑派)……41票 レッドウッド(右派、頑固な欧州懐疑派)……27票 リリー(右派、欧州懐疑派)……24票 ハワード(右派、欧州懐疑派)……23票
第2回投票	クラーク……64票　ヘイグ……62票　レッドウッド……38票
第3回投票	ヘイグ……92票(選出)　クラーク……70票　棄権……2票

The Times ほか。

実施された。下位の2名が辞退してヘイグ支持に回ったことで、最初に立候補したクラーク、最後に立候補したヘイグ、そして1995年以来2度目の挑戦となったレッドウッド（John Redwood）3人の争いとなった。閣僚経験の乏しい若手のヘイグが健闘したことで欧州懐疑派の統一候補はヘイグに決まった。そして第2回投票の上位2名で争われる党史上初の第3回投票が行われた結果、ヘイグの逆転勝利となったのである。

　最終的に「クラーク（ヘーゼルタインが推薦人）対　ヘイグ（サッチャー派が支持）」というかたちとなったこの党首選挙が、「欧州統合派　対　欧州懐疑派」という党内対立の図式どおりに争われたことは疑う余地がない。保守党史を見ると、この構図は80年代における「ヘーゼルタイン（ウェット）対　サッチャー（ドライ）」、さらには70年代の「ヒース（Edward Heath）対　サッチャー」という党内対立にさかのぼることができる。ゆえに、保守主義者にとって宿命ともいえるこの因縁の対決は実に90年代においても消滅せず、党内団結を弱める元凶となっていたことは明らかであろう。

　当時36歳の新党首を誕生させた1997年保守党党首選挙最大の特徴は、正反対の欧州観を持つクラークとレッドウッドがヘイグに対抗する目的で第2回投票後に約束した——結果的に失敗したが——選挙協力に見出すことができる。しかし役職目当ての「クラーク・レッドウッド同盟」はまさに「ロベスピエールがルイ16世支持に転向するようなもの」(8)であり、サッチャーも呆れてヘイグ支持を明確化するなど必然的に党内外の反発を招いた。

　ここで注目すべき点は、この驚くべき「同盟」にクラーク、レッドウッド両陣営が全面的な支持を与えなかったこと、すなわち党内「欧州統合派」と「欧州懐疑派」とのイデオロギー的相互不信が予想以上に根強くなっているという事実である。このことは、とにかく党を団結させて、総選挙で勝てる人を党首に選び、決まった以上その党首によほどのことがない限り忠誠を尽くし、一見団結しているような印象を与えてきた保守党の伝統が弱くなってしまったことを意味する。換言すれば、これは党内イデオロギー分極化の定着と、政権奪回より自己のイデオロギーを優先する傾向の深化でもある。ま

第3章　1997年総選挙と保守党オポジション力の危機

さに当時の保守党オポジション力の衰退もしくは危機を、如実にあらわす現象であったといえよう。

　この党首選挙はレッドウッド以外全員初出馬であり、しかも総選挙敗北直後の落胆から回復できていない状態で行われた。そのため一般議員や新人の議員からすれば、誰が次期総選挙を勝利に導けるか慎重に吟味できない状況にあった。したがって、従来の党首選挙以上に、各議員は、自分の欧州観などに照らし合わせて候補者を選ばざるを得ない側面もあった。

　ヘイグが選出されたことによって、将来の保守党党首は党内右派、サッチャー的傾向の持ち主、欧州懐疑派などの支持を常に勝ち取らなければならず、また自身の党内権力基盤も安定させることができないという状況が定着した。例えば、当初サッチャー路線を一番覆しそうもないと予想されたため、メージャーがサッチャーの後継党首に選出された。ところがメージャーが国内政策やヨーロッパ問題で独自路線を取り出すと、欧州懐疑派によって現職党首（首相）への挑戦状がたたきつけられた（1995年党首選挙の実施）。

　逆にヨーロッパ（EU）に対する自分の立場を「右」へシフトさせた結果、サッチャーの支持を得ることに成功し党首の座を射止めた今回のヘイグの事例は、そうした保守党内の事情と変化、すなわちオポジション力の弱体化を象徴した現象といえる。ヨーロッパ統合をめぐる党内対立はリーダーシップの弱体化だけでなく、サッチャー的傾向の持ち主が党内主導権を掌握しているという事実を見事に印象づけてしまったのである。[9]

　最後に、1832年以来最悪の実績となる1議席増に終わった2001年総選挙とヘイグ保守党の敗因から、オポジション力の危機について検討してみたい。

　1997年以来のブレア改革の成果を本格的に評価してもらう機会となった2001年総選挙結果は、表3のとおりであり、議席をわずかに減らしたものの予想どおり労働党の圧勝に終わった。第三政党自民党の躍進に注目が集まるなか、ヘイグ保守党は結局前回より得票率も1％増えただけのまさに完敗であった。

第2部　現代オポジションの実際:「生来の統治政党」保守党の事例

　ハーロップ（Martin Harrop）によると、1997年総選挙は「保守党長期政権に厭きた有権者が、元気を取り戻した労働党を支持した結果」であるのに対し、2001年総選挙は「その確認にすぎな」かった[10]。そして再度の労働党「地滑りは、政治的プロフェッショナリズムの勝利であった。有能な統治、効果的なリーダーシップ、強い経済、外見上の党内団結、詳細なマニフェスト、そして十分に管理されたキャンペーンのすべてが、党史上類を見ないほどの総選挙再勝利に結びついた」[11]のである。

　一方、党首選挙権を一般党員にまで拡大するなど、かろうじてオポジション力に必要な政権構想力3要素の党組織改革に着手したヘイグ保守党ではあったが、「政権攻撃に乗り出すことに失敗し、政権（奪回）のための準備をしていなかった」[12]。ハーロップは、投票率が前回の約71％から59％へと著しく落ち込んだ——第一次世界大戦の余波で行われた、1918年総選挙以来最低の——この2001年総選挙を「アパシーによる地滑り」と表現している。各種世論調査結果から労働党勝利が確実視されたこともあり、2001年議会のブレア政府2期目は、1922年総選挙後のいかなる政府よりも少ない票数でつくられたことになる[13]。

　ブレア以上の若々しさを売り物にしてオポジション力回復に着手したはずのヘイグ保守党と、いわゆる「ハネムーン」が終了していた政府労働党を、オポジション力という見地から比較してみると、基本的にあらゆる面で後者が前者を上回っていたことがわかる。

　まず政権構想力3要素の「党政策」の事例として、両党の2001年マニフェストの内容を比較してみると、「労働党政府の活力と保守党思考の浅はかさとが好対照」である。労働党のマニフェストが「詳細な公約の収穫物」であるのに対し、保守党のそれは「政策上不毛の地」であった。サッチャー時代への回帰としか思えない「減税」中心の公約で、しかも世間が労働党政府のアクティヴィズムに刺激され、政府の仕事はまだ残っていると判断していた時にあえて介入を減らす「小さな政府」的アプローチの繰り返しであった。しかも国民の多くは減税より公共サービス充実化を圧倒的に支持していたた

め、保守党の訴えが不成功に終わるのは当然の結果であったといえる。また、地方分権改革やヨーロッパ統合についても、詳細かつ建設的な労働党提案に対し、保守党側の提案はネガティブさが目立つ。

さらに保守党の減税キャンペーンも労働党優勢を覆すには至らず、党内の混乱をかえって目立たせるだけに終わった。ハーロップは、保守党の選挙戦略における多くの失敗の一例として、こうした「税に関する民衆のムードをミス判断したこと」を指摘した。つまり保守党はキャンペーン中「より民衆寄りになることもせず、よりポピュリスト的」になっていたと分析しているのである[15]。

このように世論の動向が労働党へシフトしているにもかかわらず、多くの点で保守党は昔流（サッチャー時代の価値観）に執着しており、まさに‘Conservative’というより‘conservative’な政党に変質していたことが読み取れる。それはヘイグ党首の誕生やその主要人事において、サッチャー的傾向の持ち主が大きな役割を果たしていたことの帰結であると思われる。サッチャーの影響から抜け出せなかったメージャーも、サッチャー的傾向の復活を余儀なくされたヘイグも、オポジション力の維持あるいは回復という点では不合格だったということになる。2001年に引責辞任したヘイグは、20世紀初頭のオースチン・チェンバレン（Joseph Austen Chamberlain）以来となる「首相になれなかった」保守党党首として、歴史に記録されることとなった。しかしこれはほんの序の口にすぎなかったのである。

以上の状況からすると、オポジション力とその回復には、有権者側の認識とそれをよくするようなイメージ戦略やメディア対策の努力、外見だけでもよいから党内団結の維持、特定のイデオロギーではなく有権者の声を尊重した政策形成、そして何よりそれらを総轄できる「党首」が必要であるといえる。それらを通じてオポジションとしての信頼回復と、離反していった普通の有権者の獲得を実現しなければならない。特に、党や党首に対する有権者の認識をよい方向へ変える試みは、イギリス政治におけるオポジション力の復活にとっては想像以上に重要となっていることがわかる。ゆえにポスト・

ヘイグの保守党は、単なるポピュリズム的な姿勢や、80年代の成功体験のみに依存する体質を改めなくてはならなかったのである。

3．ポスト・サッチャー期におけるオポジション力衰退の構図

ここではポスト・サッチャー期（1990年代以降）における保守党「オポジション力」衰退の構図を、「与党時代」という視座で分析する。具体的には、(a) 政権担当能力への信頼、(b) リーダーシップとイデオロギー、(c) 支持基盤、(d) 党組織という四つの角度から考察してみることにしたい。

(a) 政権担当能力への信頼

表3を見ると、1992年総選挙時から5年間における保守党支持の下落が特に目立つ。換言すれば、メージャー政権期の5年間に注目する必要がある。

多くの分析から指摘されているとおり、通貨危機に伴う1992年9月のイギリスERM離脱は、1997年総選挙での保守党大敗の主要因であった。のちにメージャー自身もそれが失策であったことを認めたように、この決断が保守党の経済運営能力の名声を著しく喪失させるきっかけとなった。経済状態や政府与党のパフォーマンスの面では決して最悪の状況とはいえなかったにもかかわらず、信用を失ってしまった保守党はもはや好ましい経済運営者とはみなされなくなっていた。[16]

このことは、一般有権者による「政党別経済運営上の優秀さ認識」こそ、その政治的忠誠の主たる要素であるということ、そして、経済状態に関する有権者の「客観的認知（実際に生じていること）」以上に「主観的認知（生じているのではないかと認識されること）」のほうが、政党支持においては大きな意味を持つということをあらわしている。[17]

保守党側からすれば、これは決して軽視すべき要素ではない。経済運営能力を中心とした政権担当能力について、1964年以来ギャラップ世論調査が定期的に行ってきた質問「イギリスが経済的難局に陥った場合、その処理を最も上手に行えるのは──保守党と労働党──どちらの政党だと思いますか？」

表6　経済問題に関する政党の実行能力評価（1991－1997年）（％）

質問：イギリスが経済的難局に陥った場合、その処理を最も上手に行えるのは——保守党と労働党——どちらの政党だと思いますか？			
	保守党（％）	労働党（％）	労働党のリード
1991－1992	44	30	−14
1992（ERM離脱）	45	34	−11
1992（9〜12月）	31	43	12
1993	27	41	14
1994	22	46	24
1995	22	48	26
⋮	⋮	⋮	⋮
1997	36	47	11

P. Cowley, *op. cit.*, p. 112 に基づき作成。

に対する有権者の回答によれば、1992年までの28年間で労働党のほうが優れていると認識されたのは１回のみであり、労働党人気が高かった時でさえ保守党のほうが全体的に高い評価を得ていたのである。しかし表６からも明らかなように、ERM離脱以前と以後では両党に対する有権者の認識が完全に逆転している。

　このようにポスト・サッチャー期の保守党は、「ビジネス」の党とはいい難いほどのマイナスイメージを有権者に浸透させてしまった感がある。保守党政府は信用できず、経済状態やパフォーマンス以上に自分たちの生活の質が悪化していると有権者によって認識された結果、わずか５年間で保守党離れに至ったことは否定できないのである。

(b)　リーダーシップとイデオロギー

　いうまでもなく当時の保守主義あるいは保守党党首にとって最大の難題は、「ヨーロッパ統合」であった。サッチャーの場合はイギリスがヨーロッパに組み込まれていく現実に対応しつつ、イギリス国益の擁護とソ連の脅威を常

に訴えることによって、その愛国的名声を保持し続けた。フォークランド紛争や当時の労働党左傾化も利用して、彼女は確固たる信念を持つ愛国的な強いリーダーでいられた。その一方で、ヨーロッパ統合に関する党内緊張関係を根本的には解決できなかったばかりか、自分のリーダーシップをも犠牲にしたかたちとなった。

　ポスト・サッチャー期は、ポスト冷戦とヨーロッパ統合深化の時代でもある。サッチャーとは対照的にメージャーは、ソ連の脅威が消滅し、ECからEUへと変容する状況下で党首に就任した。保守主義者共通の敵を失ったばかりか、発展を加速するヨーロッパ問題にも直面し、党内緊張関係や党内対立を表面化させてしまったのである。これまでは党首のリーダーシップによって、そうした党内分裂は回避されることが多かったのだが、メージャーは日和見でありすぎた。ヨーロッパ問題についていわゆる「事態静観（wait and see）」路線を採用したり、イギリスをヨーロッパの中心に置くと言明したりして欧州懐疑派を失望させたかと思えば、今度は一転国家主権擁護者となって懐疑派に接近するというスタイルであった。そのため、党内各派からの支持を失って、サッチャー時代以上に党を分極化してしまったと考えられる。

　こうした「党下院議員たちから破門されたような」リーダーシップは、ブレアとは対照的である。ERMをめぐる失策がなかったとしても、保守党党首にとってヨーロッパ問題は明らかにマイナスであった。メージャーのスタイルは、20世紀初頭の関税改革論争のなかで右往左往し続け、党内の混乱と総選挙大敗北を招いた党首バルフォア（Arthur Balfour）のリーダーシップを想起させる。だが、最も重要なことは党員が党首に絶対服従するという保守党の伝統的価値観が薄くなり、逆に今日では党員が党首を教育するという新しい文化が保守党に定着しつつあるように見える点である。第6章でも触れるが、これは「政権意欲」や「適応性」の喪失と何らかの関係があるのではなかろうか。

　サッチャーたちの支援を得て党首に就任したヘイグは、メージャーとは反

対に「党内右側の軸から」保守党を指導することで、強いリーダーを演出し、失われつつある党首への忠誠を取り戻そうとしているかのようであった。[19]しかしヘイグも党内をまとめるだけの経験と能力を持たず、しかもサッチャーに保護された弱々しい党首という印象を与えてしまった。同時にポピュリズム的傾向を強めたが、そうした姿勢もブレア政府への対抗手段にはほど遠かったといわざるを得ない。

(c) 支持基盤

1997年総選挙における保守党支持は、過去に例がないほど低下した。しかしながら、1979年総選挙以後のサッチャー政権期でも保守党支持は決して圧倒的なものではなく、例えばヒース時代の1970年総選挙（46.4％）や、マクミラン（Harold Macmillan）時代の1959年総選挙（49.4％）ほどの高い得票率は記録していない（表3を参照）。むしろサッチャー時代から保守党支持基盤は徐々に減少していたという事実に注目しなくてはならない。

総選挙連続4回勝利、相対多数代表制（小選挙区制）固有の問題点や、80年代初期における労働党の左傾化、あるいは同時期の新保守主義などが保守党得票率低下を覆い隠す要素となっていた点は否定できないであろう。保守党支持が1979年総選挙以降減り始める一方で、労働党の得票率は1983年以降回復し続け、そして1997年には見事に逆転した。それ以来労働党は世論調査で常に保守党をリードしてきたが、その起源はやはり1992年総選挙直後すなわち9月のERM離脱のころに求められるという。[20]

総選挙の得票率に象徴されるように、保守党がここまで支持を失った背景の一つとして、スコットランドやウェールズなどイングランド以外の国内諸地域でその支持を大幅に減らしているという側面を挙げることができよう。表7を見ると、スコットランドとウェールズにおける両党の得票率差は歴然としている。さらに保守党側にとって気がかりな傾向は、イングランドのサウス・イーストのような伝統的に保守党勢力が強い地域に見られる。今日でも労働党より優勢であるとはいえ、1992年から5年経過した時点で得票率を

第2部　現代オポジションの実際：「生来の統治政党」保守党の事例

表7　1997年総選挙における主要地域別得票率と1992年時との比較（％）

	保守党	労働党	自民党	1992年時との比較 保守党	1992年時との比較 労働党
スコットランド	17.5	45.6	13.0	－8.2	＋6.6
ウェールズ	19.6	54.7	12.4	－9.0	＋11.4
イースト・アングリア	38.7	38.3	17.9	－12.3	＋10.3
サウス・イースト	41.4	31.9	21.4	－13.1	＋11.1

D. Denver, "The results: how Britain voted", *op. cit.*, p. 11 に基づき作成。

表8　1997年総選挙における投票行動（％）
※（　）内の数字は1992年総選挙時との比較による増減

	保守党	労働党	自民党
英本国全有権者	31（－12）	44（＋9）	17（－1）
男性	31（－8）	44（＋9）	17（－1）
女性	32（－11）	44（＋10）	17（－1）
A, B層有権者	42（－11）	31（＋9）	21（0）
C1層有権者	26（－22）	47（＋19）	19（－1）
C2層有権者	25（－15）	54（＋15）	14（－4）
D, E層有権者	21（－8）	57（＋17）	13（0）
初めて投票した人	19（－16）	57（＋19）	18（－3）
18～29歳	22（－18）	49（＋12）	17（0）
30～44歳	26（－11）	43（＋9）	17（－3）
45～64歳	33（－9）	43（－2）	18（－2）
65歳以上	44（－3）	34（－2）	16（＋2）
家屋所有者	35（－12）	41（＋11）	17（－3）
公営住宅居住者	13（－6）	65（＋1）	15（＋5）

B. Jones and D. Kavanagh, *British politics today,* 6th ed., 1998, p. 90.

減らしているのに対し、労働党支持が11.1％アップしている点である。

　次に、より重要だと思われる要素は、表8に示されているとおり、1997年総選挙ではすべての層において保守党支持が減っているという事実である。

ここから読み取れる特徴は、中流層有権者における労働党支持の増加である。2001年総選挙でも労働党は、かつての保守党支持層、A、B、C1各層の支持を得ているのに対し、労働者階級特にD、E各層の票を失っている（表9）。換言すれば当時の保守党は、C2、D、E各層

表9　2001年総選挙における社会的等級別投票行動（％）

※（ ）は、1997年総選挙時との比較による増減

	A, B	C1	C2	D, E
保守党	40（−1）	35（−2）	29（+2）	27（+6）
労働党	33（+2）	39（+2）	47（−3）	50（−7）
自民党	21（−1）	20（+2）	18（+2）	18（+5）
その他	6	6	6	5
合計	100	100	100	100

M. Harrop, "An Apathetic Landslide: The British Election of 2001", *Government and Opposition,* 36-3, 2001, p. 309.

の支持で持ちこたえているということでもあり、「階級（階層）と政党支持態度」の伝統的図式が逆転していることになるのである。こうした現象は1997年からの傾向であろう。ブレアによる党内改革とリーダーシップ、そして国民へのアピールが、従来型の労働党イメージの払拭に成功したことを証明するものである。

　よって保守党は、特にC1（事務職）層の支持を取り戻す努力をしない限り、真のオポジション力復活も不可能だったのである。

(d)　党組織

　このように保守党支持基盤が縮小した要因としては、失策による支持層の離反や労働党復活のほかに、長期政権ゆえ党組織改革が軽視されてきたことも大きいといえるであろう。歴史的に保守党は、下野するたびに党組織改革に着手して政権に復帰してきた。そうした意味でヘイグが直ちに党運営の民主化、新組織の設置、女性党員拡充などの方針を打ち出したのは、当然の結果であった。

　党組織の衰退という側面から検討した場合、党員数の減少と党員平均年齢の高齢化という問題点が目立つといえる。まず、草の根党員数に関する正確

な数字は必ずしも明確ではないが、1979年の150万人から連続して減少し、1992年にはその3分の1（50万人）、1997年には約30万人となった。

また保守党地方議員数も連続して減少しており、12,100人（1979年）から8,300人（1992年）、そして4,400人（1997年）へと落ち込んでいた。こうした減少そのものは、党全体を通じて有権者の支持を動員する機能を喪失したことを意味するし、地方レベルでこうなれば、やがて総選挙などにおいて全国レベルにも波及するのは必至である。1997年5月にヘイグが述べているように「保守党は単に負けたのではなく、面目を失ったのである」。

次に党員平均年齢という側面では、ある調査によると保守党員の大半は65歳以上であり、35歳未満の党員は5％にすぎず、その平均年齢は62歳であるとされている。とりわけ深刻だと思われるのは青年層の保守党離れである。ここからわかることは、今やイギリス保守党は昔流のやり方でその組織に全面依存するのではなく、ブレアのようなカリスマ性のある魅力的な「党首」を擁立して、メディアなどを通じて幅広く無党派層にアピールしていかないと、そのオポジション力回復も事実上不可能だということである。

以上のように、1979年総選挙から1992年総選挙に至る時期は、政党別総選挙獲得議席数という意味ではまさに保守党「黄金時代」であった。しかしその栄光の裏でオポジション力という見地からすれば、保守党の衰退は徐々に進展していたことがわかる。その大半はメージャー時代の経緯によるところが大きい。しかし支持基盤などについてはサッチャー時代に由来するものも存在した。序章でも触れたようにこうした背景が、保守党の「政権意欲」と「適応性」を喪失させる結果につながったのであろう。

4．おわりに

以上の考察から、ポスト・サッチャー期、とりわけメージャーとヘイグ時代における保守党オポジション力の危機と衰退の実情が明らかとなった。わずか5年間でオポジション力を弱体化させた要因の一つは、何といっても「長期化した与党期」にあることは否定できない。

また、保守党は元来体質的に特定の政策をめぐって、イデオロギー的な党内対立緊張関係が実は生じやすかった。そういう体質を持つ院内保守党（下院議員団）をまとめきれるかどうかという点、すなわち「党首」の役割（党内問題）とそれに影響を与える党外状況の変化もオポジション力を左右することが明らかになった。とりわけ1997年党首選挙をめぐり、「クラーク・レッドウッド同盟」が党内の反対で実現しなかった——政権の奪回よりもイデオロギーへの執着——という事実に、保守党オポジション力衰退ならびに危機の本質があったと考えられる。したがって、さしあたりイデオロギーのみならずスタイルとしてもサッチャリズムから脱却していく必要があった。

　党外状況という点では、政党や党首に対する「現実」以上に有権者側の「認識」や「イメージ」が、現在ではかなり重要になってきたことがここからもわかるであろう。要するに、まずは新党首による「ブレア流改革」の導入こそ、保守党でもオポジション力回復の手がかりとなり得る時代になってきたといえるのである。

註

（1）1950年代をピークにして、スコットランドの保守党獲得議席数は徐々に減少していき、1992年総選挙でも保守党はかろうじてスコットランド議席を11、ウェールズの議席を6保持していたが、1997年総選挙では両地域の保守党議員は全員落選という結果となった。

（2）19世紀以降保守党が真の党内分裂を経験したのは1846年、当時のピール（Robert Peel）保守党政府が穀物法撤廃に踏み切った時である。それまで主に農業利益を代表してきた保守党はそれに伴い自由貿易路線採用を決断したが、激しい党内対立の結果、首相のピールやグラッドストン（William Gladstone）らを中心とする党内自由貿易派は保守党を離れ、自由党に吸収された。

　残った党内保護貿易派（穀物法撤廃反対派）は、自由貿易路線に転向し帝国主義政策を採用して安定多数を確保した第二次ディズレーリ（Benjamin Disraeli）内閣が成立する1874年まで、約30年間、野党もしくは少数与党の地位に甘んじて、真のオポジションとは呼べない苦難の時期を経験することとな

第 2 部　現代オポジションの実際:「生来の統治政党」保守党の事例

った。

　なお、この「自由貿易派　対　保護貿易派」という党内対立の図式は、20世紀初頭、ジョセフ・チェンバレン（Joseph Chamberlain）らを中心とする「関税改革論争」でも再現されたが、第一次世界大戦の勃発や労働党の台頭そして1846年の教訓などにより、保守党没落という最悪の事態は回避されている（本書の第 2 章も参照）。

　　Cf. Robert Blake, *The Conservative Party from Peel to Thatcher*, 1988.
（ 3 ）Philip Cowley, "The Conservative Party: decline and fall", in Andrew Geddes and Jonathan Tonge (eds.), *Labour's Landslide*, 1997, p. 37.
（ 4 ）Martin Durham, "Conservatism after Major", in Bill Jones (ed.), *Political issues in Britain today*, 5th ed., 1999, p. 367.
（ 5 ）P. Cowley, *op. cit.*, p. 48.
（ 6 ）*Ibid.*, p. 48.
（ 7 ）R. Blake, *op. cit.*, pp. 254-255.
（ 8 ）*The Times*, 19 June 1997.
（ 9 ）ヘイグの「影の閣僚」人事についてタイムズ紙は、「右派の支配力強化」「ウィリアム王（ヘイグ）、サッチャー派の復古を開始」と社説等で論じた。
(10) Martin Harrop, "An Apathetic Landslide: The British Election of 2001", *Government and Opposition*, 36-3, 2001, p. 295.
(11) *Ibid.*, p. 295, p. 313.
(12) *Ibid.*, p. 295.
(13) *Ibid.*, p. 309.
(14) *Ibid.*, pp. 299-302.
　　サッチャー政権期でさえ、「公共サービスか、減税か」の論争では、有権者の意見も半々であったとされている。
(15) *Ibid.*, pp. 304-305.
(16) イギリスのERM離脱が与えた経済的影響については、Bill Jones and Dennis Kavanagh, *British politics today*, 6th ed., 1998, p. 189を参照。
(17) P. Cowley, *op. cit.*, pp. 39-40.
　　Mark Wickham-Jones, "How the Conservatives lost the economic argument", in A. Geddes and J. Tonge (eds.), *op. cit.*, p. 117.

(18) P. Cowley, *op. cit.*, pp. 39-40.
(19) M. Durham, *op. cit.*, p. 369.
(20) M. Harrop, *op. cit.*, p. 296.
(21) M. Durham, *op. cit.*, pp. 369-370. P. Cowley, *op. cit.*, p. 37.
(22) M. Durham, *op. cit.*, p. 370.
(23) P. Cowley, *op. cit.*, p. 37.
(24) *Ibid.*, p. 37.
(25) ある調査によれば、当時の保守党学生組織 (the Conservative Students organisation) のメンバーは5,000人、青年保守党 (the Young Conservatives) メンバーは3,000人未満であるとされている。
    M. Durham, *op. cit.*, pp. 369-370.

第4章　保守党のモダニゼーション
　　　：オポジション力回復に向けて

1．はじめに

　2004年6月、イギリスでは「25か国体制」として初めての欧州議会選挙と同時に、ロンドン市長選挙を含む統一地方選挙が実施された。とりわけ当時のブレア（Tony Blair）政府のイラク政策に批判が集中したことで国政与党の労働党は議席を大幅に減らし、国政第一野党の保守党議席が増大する結果となった。(1)このように国政レベル以外の選挙では保守党や自民党、あるいは英国独立党など野党支持の増加が著しかったものの、その翌年に行われた国政2005年総選挙では政府労働党が——党史上初の快挙となる——3回連続勝利を収めたのである。

　他方で、戦後初めて3回連続敗北を喫した野党保守党は、表10からもわかるように前回、前々回の総選挙結果と比較しても議席数・得票率の伸びに大きな変化はなかった。このことは、真のオポジションとしての保守党のイメージアップ、信頼回復が未だ成功していなかったということを意味する。それに加えて、2005年総選挙結果で注目されるのは国政第二野党自民党の動向であろう。まず——小選挙区制のため議席数には直接反映されていないが——3政党の得票率に限定すれば、2004年の一連の選挙結果を受けて当時の自民党党首ケネディ（Charles Kennedy）が述べたとおり、(2)従来以上に「三党制」的傾向が強くなっていることがわかる（表10を参照）。つぎに、自民党の獲得議席数62という数字は、旧自由党時代の1923年総選挙における同党単独での獲得議席数159以来最多である。さらに、政党から政党への票の移動を示す指標、いわゆる「スイング」（swing）幅でも自民党へのスイングが最も大きかった。(3)

　2005年総選挙後、敗北の責任を取って当時の保守党党首ハワード（Michael

Howard）は辞任を表明した。しかし同時にハワードは党首選出方法の改正を含む一連の党内改革と、それに関する党内協議（9月末まで）を提案したため、さしあたり2005年10月の党大会以後に予定される新党首選挙実施まで、旧党首が留任するという変則的な状況となった。いずれにしても、保守党にとって3回連続敗北となった同総選挙は、かつての労働党にとっての1987年総選挙に相当するといっても過言ではない。つまり真のオポジションとして復活するためには、「モダニゼーション」が保守党にとって不可欠となったのである。
(4)

そこで本章は、2005年総選挙敗北直後に党チェアマン（当時）に任命されたモード（Francis Maude）を中心にまとめられた、党内改革計画案およびそれに関する党内協議用文書「21世紀の政党（A 21st Century Party）」を手がかりとして、オポジション力回復の最重要課題、それをめぐる党内の反応や論争の性格について検討し、保守党モダニゼーションの本質について明らかにする。そしてそれらを通じて、①この2005年党内改革計画案が保守党史上いかなる意味を持つのか、②1997年総選挙以降保守党では、何故モダニゼーションがさほど進展しなかったのか、これら2点についても考察していきたい。

2．「21世紀の政党」に見るモダニゼーションの課題

単純に党内改革といってもその内容は多様であるが、さしあたりここでは2005年党内改革を以下の二つの側面に分けて注目してみたい。第1の側面は、総選挙敗北直後に改造されたハワード「影の閣僚」人事である。保守党の役職に関する人事は基本的に党首の専権事項であり、院内保守党も党首を頂点に、影の閣僚・幹部議員そして一般議員へと連なる中央集権的な構造となっている。それゆえ、財務相、外相あるいは党チェアマンといった「影の」主要閣僚人事から、「ハワード党首の保守党」の政策路線や方向性がある程度読み取れるのである。この点について、今回注目に値する人事が二つある。まず、党内運営や選挙対策の要であると同時に実質的に党内改革の舵取りを

第2部　現代オポジションの実際:「生来の統治政党」保守党の事例

行う党チェアマン (party chairman) のポストに、党内モダナイザー (現代化派) とされる前述のモードが任命されたことである。もう一つは、2001年総選挙で初当選した党内若手モダナイザーであり、しばしば保守党の「ブレア／ブラウン (Gordon Brown) コンビ」と称され、当時は将来の保守党党首として有望株ともいわれていた2人の青年政治家——当時30代後半のキャメロン (David Cameron)…影の教育・技能相、30代前半のオズボーン (George Osborne)…影の財務相——が、それぞれ大抜擢されたことである。

こうした一連の人事から、ハワード新「影の内閣」とは今後の党モダニゼーションを推進するための布陣であり、基礎固めであったということが読み取れる。換言すれば、ハワード自身はいずれ引責辞任することになっているにせよ、本格的に政権交代を視野に入れた、オポジション力回復の準備期間的な人事ということになるのである。

党内改革第2の側面としては、一般議員から地方の党活動家に至るまで党内の幅広いコンセンサスが求められる領域・党組織改革 (計画) が挙げられる。本章で考察の対象となる2005年のそれについては、既述のとおり党内協議用文書「21世紀の政党」に整理されている。したがって、ここからは同文書の分析を通じて、改革提案の内容と保守党モダニゼーションの課題について検討することにしたい。

保守党の公式ホームページによると「21世紀の政党」は、総選挙敗北およびハワード辞任表明後の5月23日に開かれた「保守党首脳会議 (the Board of the Party)」で了承された改革目標を網羅しており、7月31日までは党内協議用に公開され、9月27日に予定されている Constitutional College によって改革計画に対する最終決定が行われる。これを受けてハワードは保守党下院議員全員に書簡を送り、次期総選挙で勝利可能な状況を実現するため、改革の必要性を訴えた。さらに10月に開催される年次党大会が終了するまでは党首の座に留まる——換言すれば、新党首選出は2005年末となる——ことも明らかにした。これに対し、ハワードの早期辞任・現行規定による速やかな党首選挙実施を求める声もあったが、とりあえずハワードが示した日程は

第4章 保守党のモダニゼーション：オポジション力回復に向けて

党内でおおむね了承されたかたちとなった。総選挙敗北の責任を取るべき党首の発案で党内改革を実現しようとするこうした試みは、イギリス政党政治史においても異例のことであるといえる。その背景として、総選挙3回連続敗北やハワード個人の存在感が挙げられるが、それに加えて――後述するように――党内モダナイザーの台頭も指摘しなければならない。

さて「21世紀の政党」は、モードの署名入り序文および本文（10項目の改革提案と付録）によって構成されている。刊行責任者であるモードは、その序文において改革提案の理由を次のように説明している。「（保守党は）地方政治では最大政党であるが、依然として有権者票の33％しか獲得していないし、政府を形成するのに必要な議席数より130少ない議席数しか勝ち取っていない。与党としてわが国に奉仕し、われわれの信条と価値を行動に移す機会を得たいのであれば、わが党は変革を、しかも根本から変革をしなくてはならない」。そして主な改革目標として以下の内容が示されている。

- 保守党地方組織の効率化と活性化（有能かつ訓練されたエージェントの積極的雇用、概して保守党支持者の少ない主要都市部での党組織の再建など）。
- 常勤エージェントと全国党員数の増加（2006年までに党員を現在の30万人程度から35万人に増やす）。
- 国内の少数民族集団からの支持を強化。
- （後述するように1998年に導入され、2001年党首選挙で実施された）現行党首選挙規定の改革。

こうした点に、保守党が抱える問題点、モダニゼーションの課題を見ることができるといえよう。

また、今回の改革計画提案理由の一つとして、1997年総選挙地滑り敗北（表10を参照）後、当時のヘイグ（William Hague）新党首によって1998年に実施された党内改革――以下、ヘイグ改革と略記――の欠点についてモードが触れている点は注目に値する。すなわち「8年前、ヘイグ改革によってわ

表10　イギリス総選挙結果（1992－2005年）議席数と得票率（%）

	保守党	労働党	自民党
1992	336 (41.9)	271 (34.4)	20 (17.8)
1997	165 (30.7)	418 (43.2)	46 (16.8)
2001	166 (31.7)	413 (40.7)	52 (18.3)
2005	198 (32.4)	356 (35.3)	62 (22.0)

R. Garner and R. Kelly, *British political parties today*, 2nd ed., 1998, p. 39 および (http://politics.guardian.co.uk/election2005/stateofparties/0,15991,,00.html) に基づき作成。

が党に制度的構造が与えられ、そして初めて党規約がもたらされた。……しかしその構造が変化したといっても、その文化は変化しなかったし、変化したとしてもほとんど不十分なものでしかなかった」と。[8]

「21世紀の政党」に示された改革提案項目は、掲載順に見ると、以下のとおりである。

① 党員
② 選挙区協会
③ エリアおよびリージョン
④ 党ボランティア管理評議会
⑤ 全国保守党協議会
⑥ 党首の選出
⑦ 党首脳会議
⑧ 地方議会保守党に関する諸規程
⑨ 倫理・行為・規準
⑩ 目的と価値
⑪ 本文書に対する意見表明について
　※付録（保守党の価値について：草案）。

これらの内容を検討してみると、2005年党内改革計画案も野党期ならではの、いわば「お決まりの党組織いじり」にすぎないものがほとんどであるといえる。しかしながらそのなかで、とりわけ党内改革のポイント、モダニゼーションの最重要課題として指摘され注目されるべき要素が二つあると思われる。すなわち前述の項目でいえば、「付録」および⑥「党首の選出」に関する内容がそれである。

前者は「付録」という位置づけになってはいるが、保守党の価値と理念をおそらく党史上初めて規約の中に明文化しようとする試み（提案）である。いうまでもなく保守党は、革新政党ではないため、労働党のように党の理念や目標を必ずしも明文化する必要はなかった。それゆえそうした問題が党内で議論されることもほとんどなかったし、「保守党の目標、理念」という文言も、多用されている割にはその定義や解釈が従来までは曖昧であったといってよい。それにもかかわらず、党規約に価値や理念などが明文化されていれば、党の評判を落とす発言や行為をした人物に対し、党として断固たる処分を取れるようになるからであるとされている。そして保守党の価値について以下のように提案している。

　「われわれは自ら、高潔・正直・財政における誠実という最高の規準に関与する。わが党は全国民への奉仕に関与し、出身基盤・人種・性別・宗教にかかわりなくイギリスのあらゆる人びとに開かれていて、イギリスのあらゆる人びとを尊重する国民政党である。強力な地域社会、団結力ある社会、個人の自由と責任、制限された政府、既存の諸制度、法の支配、国民的自信そして進取の文化をわれわれは信じる」[9]。

　きわめて抽象的な表現であり、また、90年代労働党における党内改革と「ニューレイバー」の象徴的役割を果たした、いわゆる労働党規約「第４条（Clause 4）」修正ほどのインパクトはないかもしれない。それでも、政党が選挙を通じて政権の獲得維持を目標とする組織集団である以上、オポジション力の回復あるいは低迷し続けている保守党のイメージアップや、失われた信頼回復を目指すためには必要不可欠な要素であるといえる。

　次に、後者の「党首の選出」については以下のように言及している。既述のようにヘイグ改革の一環として導入された現行党首選出方法[10]（まず保守党下院議員の秘密投票で候補者――下院議員のみ――を２人に絞り、その後、約30万人と推定される保守党一般党員による郵便投票――「１党員、１票」――で最

第2部　現代オポジションの実際：「生来の統治政党」保守党の事例

終的に党首を決定するという党内民主主義的なシステム）は、減少し続けていた保守党員を増やす目的もあって導入された。だが、2001年の実施後に数多くの欠陥が判明した。しかも地方党員は下院議員ほど候補者を十分理解しているとはいい難かった。そこで「党首選挙における最終決定権を従来型の下院議員のみの投票にすべき」として、一見党内民主主義に逆行し、1965年に導入され1997年党首選挙まで実施されていた旧党首選挙規定（第6章の表27を参照）への回帰を提案したのである。[11]

　この一見復古的な党首選挙規定改革こそ、2005年党内改革計画最大の課題として位置づけられるといっても過言ではない。その根拠として、「伝統的」理由および「現代的」理由という二つの理由を指摘することができる。「伝統的」理由として挙げられるのが、保守党における「党首」の役割・位置づけの重要性に依拠するものである。この点については、イギリス政党研究の泰斗マッケンジー（Robert McKenzie）が「保守党の組織を理解するためのカギは、党首の役割について考察することであり、また、その出発点は、明らかに、党首の選出方法の研究でなければならない」[12]と述べていることからも明らかであろう。さらに「現代的」理由としては近年とりわけ「ポスト・サッチャー期」（90年代以降）における「院内保守党のイデオロギー的右傾化」と「党首の相対的弱体化」という現象を指摘することができるからである。[13]

　いずれにしても歴史的に見た場合、保守党における党首公選制導入あるいは党首選挙規定改革をめぐる党内対立・論争の底流には、常に「党内伝統主義者（traditionalist）と党内モダナイザー（modernizer）」の緊張関係や党内主導権争いがあった。最近の党首選挙規定改革をこうした党内対立の図式に当てはめてみると、ヘイグ改革の実質的統轄者は伝統主義者でサッチャーの忠臣でもあったパーキンソン（Cecil Parkinson）チェアマン（当時）であったのに対し、2005年党内改革の中心人物モードは、いわゆるモダナイザーと称される立場に属していたのである。[14]

　以上の点から、2005年党内改革計画案・モダニゼーション（オポジション力回復）の最重要課題とは、何よりもまず「党首選挙規定改革」であったこ

とがわかる。その背景として、総選挙3回連続敗北に伴う党内ヘゲモニー争いの復活、そして党内モダナイザーの復権を無視することはできない。

3．党首選挙制度改革をめぐる党内対立の性格

1998年に導入された前述の党首選挙規定に基づく保守党党首選挙は、2001年に初めて実施されている（2003年のハワードの場合は対抗馬がいなかったため、同党首選挙史上初の無投票当選で党首に就任した）。欧州懐疑的かつ社会問題について権威主義的なダンカンスミス（Iain Duncan Smith）下院議員と、親欧州的で社会問題に関してはリベラルな立場を代表するクラーク（Kenneth Clarke）元財務相との一騎打ちとなり、平均年齢が高く反欧州的な意見の多い一般保守党員の最終決選投票では、下院議員による予備選挙（候補者2人の絞り込み）を1位で通過した重鎮クラークが、知名度の低いダンカンスミスに逆転負けを許した（表11を参照）。[15]

この2001年党首選挙は、草の根活動家たちの要請に基づく「党内民主主義」を土台として行われたものであり、減少傾向にある保守党員の拡充など党再建を図るうえでもきわめて大きな意味を持つものであった。しかしながら党史上初めて民主的に選ばれたにもかかわらず、ダンカンスミス（元）党首の資質や、党イメージの低迷などに対して党内外から疑問の声が上がるようになった。そのうえ公費濫用疑惑も重なった結果、ダンカンスミス党首に対する党内不信任投票が——90　対　75で小差ではあったが——可決され、ダン

表11　2001年イギリス保守党党首選挙結果

	第1回投票	第2回投票	第3回投票	党員による投票
ケネス・クラーク	36	39	59	100,864
イアン・ダンカンスミス	39	42	54	155,933
マイケル・ポーティロ	49	50	53	除外
マイケル・アンクラム	21	17	除外	
デーヴィッド・デーヴィス	21	18	辞退	

D. Leonard and R. Mortimore, *Elections in Britain*, 5th ed., 2005, p. 54.

第2部　現代オポジションの実際：「生来の統治政党」保守党の事例

カンスミスは下院議員によって党首の座を追放されたという経緯があった。このことは、単にダンカンスミスの個人的資質のみの問題にとどまらず、総選挙で勝つための保守党党首の選出方法を再度元のかたちに戻すべきだという議論を生じさせる結果となったのである。ハワード自身はモダナイザーであったことは一度もなかったが、2005年総選挙敗北とハワードのリーダーシップが、そうした党首選挙規定改革への流れを決定づけたといっても過言ではない。同時にそれは、総選挙に勝利を収めるためのモダニゼーションの動きを加速することにもなったといえる。

　ハワード新執行部によって提案された党首選挙規定改革をめぐる党内論争・対立を検討してみると、政権獲得のためにはブレア労働党に乗っ取られている中間層や中道的見解を持つ層はもちろん、無党派層、青年層・女性などへ支持基盤を拡大すべきだとする議員・党員が「改革賛成派（モダナイザー）」である。それに対し、欧州懐疑的な右派、社会問題について権威主義的な見解を有する議員・党員は、大体「改革反対派（トラディショナリスト）」になるという構図が浮かび上がってくる

　改革賛成派の代表的な主張は、ある保守党モダナイザー議員によってなされた次のコメントに要約されるであろう。すなわち「党活動家というものは大半の有権者以上に右寄りになりがちであるし、『自分の意見を反映してくれる』党首を選ぶ傾向がある。結局われわれは、一般の選挙民に対するアピール能力に欠けた人物を選んでしまっている」。要するに総選挙で勝てる人物を選ぶためには、総選挙での再選を優先する下院議員に主導権を持たせるべきだというのである。また、平均的な保守党員の高齢化や人数の少なさ、教育水準の低さ、地域的偏りを挙げる声もある。そして何よりも当時の改革責任者であったヘイグ元党首自身でさえ、草の根の声を無視しないよう留意すべきだとしながらも、現行の党首選挙規定を修正して再び最終決定権を下院議員に戻すべきであると発言している。(16)興味深いことに、党首選挙権という「既得権益」を死守するはずの地方党員・選挙区協会チェアマンにも、同様の見解を有する人が多数存在しているのである。(17)

一方、改革反対派の論拠としては、当然のことながら、既得権益の保持、草の根党員の意見の尊重・党内民主主義の維持が挙げられるであろう。しかし本当の理由は別のところにあるといってよい。既に触れた2001年保守党党首選挙で、欧州懐疑的かつ社会問題について権威主義的なダンカンスミスが選出されたことからもわかるように、草の根党員に党首選挙権を与えておくと、総じて欧州懐疑的で右派の立場に立つ議員が党首として選出されやすい。トラディショナリストでサッチャー的傾向のパーキンソンが、こうした点を考慮していないはずはないと思われる。いずれにせよ、改革反対派は「党内民主主義」を隠れ蓑または正当化の手段として利用し、党内主導権争いを有利に戦うためには、党首選挙規定を現状のままにしておいたほうがよいということになる。

したがって、政権復帰と保守党支持基盤拡大を目指すプラグマティックなモダナイザーが、一見党内民主主義に逆行するかのような中央集権的ともいえる変革を支持するのに対し、同性愛批判や移民規制を唱えるような権威主義的な保守主義者、自由市場・減税といった80年代のサッチャー的理念に固執している原理主義的保守主義者は――その党内主導権保持のためではあるにせよ――党内民主主義を主張するという逆説的な図式が、2005年党内改革・モダニゼーションには当てはまるといえるのである。

さて、党首選挙規定改革提案は党首脳会議、影の内閣で5月末までには基本的に了承された後、6月15日には、現行規定も含む合計八つの具体的な党首選挙規定改革案に関する保守党下院（一般）議員の投票が1922年委員会（保守党一般議員のための党内組織）で行われた。その結果、圧倒的な支持を受けて採択された修正案はハワードやモードによって前述の「21世紀の政党」で示された案ではなく、その内容とさほど変わるものではないが1922年委員会執行部が提案していた――従来どおり党下院議員のみに党首選挙権を付与する――案であった。この結果は、改革を提案したとはいえ総選挙に敗北したハワード執行部への批判、ダンカンスミスを選出した1998年のヘイグ改革を誤りとして認めたこと、右傾化して高齢化した党員を議員が信用していな

第2部　現代オポジションの実際:「生来の統治政党」保守党の事例

表12　2005年保守党党首選挙規定改革案の概要

1922年委員会によって党首選挙立候補の公認を受けるためには、いかなる保守党庶民院議員もその5％（現在のところ198人中10人）から推薦されなければならない。正当な候補者名簿が保守党首脳会議に提出された後、同委員会は以下に掲げた一連の協議を開始する。
- 全国保守党協議会議長は全国すべての選挙区協会チェアマンに対し、候補者選考について各地方党員たちと協議したうえで選考の指針を示すよう書簡で伝達する。同時に全国保守党協議会議長は、各地域別の党役員とも協議を行う。
- 保守党貴族院議員協会チェアマン、欧州議会・スコットランド議会・ウェールズ議会・大ロンドン市議会各々における保守議員団のリーダー、そして保守党地方議員協会チェアマンは、保守党の貴族院議員、欧州議会議員、スコットランド議員・ウェールズ議員・大ロンドン市議会議員、地方議員のためにそれぞれ協議の場を提供する。
- 各グループでの候補者支持の割合を示すため、かかるすべての協議の結果は公表される。
- その後、1922年委員会によって決定された方法で、保守党庶民院議員が党首の選出を行う。

これは以前実施されていた党首選挙[*]とほとんど同じ方法であるといえる。得票数が一番少なかった候補者は、次の選挙に進むことはできない。庶民院議員は上記の協議結果を考慮はするものの、それに拘束されることはない。候補者が多くなればなるほど選挙期間が長くなるが——党首選挙全体のプロセスとして、1か月程度はかかるとみられる。

[*] 1965～1997年の間に行われた合計6回の保守党党首選挙。
(http://news.bbc.co.uk/1/hi/uk-politics/4184680.stm)

いこと、下院議員に主導権を取り戻して総選挙に勝てる党首を選ぼうとするモダナイザーの勝利などを意味するものであった。さらにガーディアン紙はこの投票結果について、「イギリス政党政治史上、一つの分水嶺として位置づけられるようになるかもしれない」と論じている[19]。

　7月初旬になると、前述の案に若干の修正が加えられ、下院議員は投票前に必ず「選挙区協会チェアマンなど党員たちと協議する」事が、党首脳会議と古参議員たちによって正式に了承された。それに伴い下院議員による投票が7月20日に1922年委員会で行われ、198名中、改革賛成……127名、改革反対……50名（投票率90％）という結果となった[20]。採択された新しい党首選挙規定改正案の概要は、表12のとおりである。

妥協策として、「党首選考に関する地方党員たちの協議」は盛り込まれたが、事実上党員の党首選挙権、発言権を奪い取る提案である。評論家やメディアの間でも時代錯誤で非民主的、エリート主義的な改悪だとする意見があった。とはいえ、党員の拡充や若返り、中道化などが当時はやや不可能であった以上、当時ではこのシステムのみが、皮肉にも保守党オポジション力回復への第一歩となるのではないかと考えられた。ゆえに当時の段階では一定の評価に値する内容だったといえよう。

しかしながらこの提案は、9月27日、Constitutional College——註(7)、(21)および第5章の表23Ⓑを参照——約1,000人の郵便投票で党下院議員3分の2以上の承認は得られた。ところがそれ以外の保守党員(地方党活動家の代表者、欧州議会議員や貴族院議員も含む)の投票では、僅差で3分の2以上の賛成が得られなかったため、最終的に否決されてしまった。その結果、現行の党首選挙規定に基づいて——キャメロン党首を選出することになる——次期党首選挙が実施されることになったのである。[21]

4．オポジション力回復と保守党モダナイザー

以上の考察から保守党のオポジション力回復には、党内モダナイザーの存在が軽視できないことがわかってきた。そこで今度はポスト1997年の保守党内モダナイザーについて、より詳細に検討する必要があると思われる。

保守党内「モダナイザー」は、「トラディショナリスト」と対比される。両者の党内対立が注目されるようになったのは比較的最近のことである。保守党研究者のガーネット(Mark Garnett)らによると、1997年総選挙以後のポスト・メージャー期であるとされる。その背景には、これまでの党内対立・論争の中心テーマがネオ・リベラリズムとヨーロッパ統合に限定されていたという事情があった。[22]

しかし現在の保守党では「大きな政府か、小さな政府か」「親欧州か、反欧州か」という争点よりも「ソーシャル・モラリティ」に関する党内論争・対立のほうが大きな意味を持つようになってきたと考えられる。具体的には、

女性の社会進出、ドラッグ、人工妊娠中絶、同性愛、犯罪や移民の増加などに反対し、こうした一連の現代的諸問題に対して、因習的道徳的立場から伝統的なライフスタイルや家庭像を保持しようとするのが保守党「トラディショナリスト」である。他方で、こうした諸問題に比較的リベラルな態度を示すと同時に、社会的寛容さをも追求する保守主義者は、保守党「モダナイザー」とされることが多い(23)。

さらに現役の保守党政治家レッドウッド（John Redwood）の見解によると、保守党モダナイザーは「国民の健康や教育のためにもっと公的支出を増やすべきだと考える」のに対し、トラディショナリストは「ドラッグを規制したり、無法地帯を統制したり、同性愛に反対するため国家は介入すべきである」と主張する人びとだとされる。また、代表的な保守党モダナイザー議員のウィレッツ（David Willetts）は、保守的な文化よりも寛容的な文化のほうを志向し、ネオ・リベラリズムに偏ることなく、むしろ「経済的リベラリズムと社会的リベラリズムとを調和したがる」のが、モダナイザーであるとしている(24)。したがって、保守党モダナイザーの一つの側面として「社会的リベラリズム」の存在を挙げることができるかもしれない。

2005年総選挙――3回連続――敗北によって院内保守党では、モダナイザー側からの自己主張や改革提案が多くなり、「モダナイザーの復権」ともいうべき現象が必然的に生じてきた。こうした党内の動きに対して7月末には25人の保守党下院議員グループが「保守党はブッシュ（George W. Bush）の"faith, flag, family"というスローガンを模倣すべきだ」と主張して、党内モダナイザーへの反論を開始した。このグループは保守党トラディショナリストとして位置づけることが可能である。彼らは総じて党首選挙規定改革に反対しており、同時に「自由市場」「減税」など保守主義の核となる諸原理や、伝統的「家族」といった道徳的価値を強調しているからである(25)。

以上の観察からすれば、保守党の場合「モダナイザー＝左派（ウェット、ワン・ネーション保守主義者）、親欧州派」であり、「トラディショナリスト＝右派（ドライ、サッチャー主義者）、反欧州派」という図式で、一見説明可能

第4章　保守党のモダニゼーション：オポジション力回復に向けて

であるようにも見える。

　しかしながら、政治学者のピルビーム（Bruce Pilbeam）はそうした見方を否定しており、道徳的社会問題に関してモダナイザーであるということは、別の問題でサッチャー主義を否定することにはつながらないとしている。さらにはタイムズ紙のパリス（Matthew Parris）による見解「かつての保守主義者は、すべて道徳的保守主義者であった」を支持して、次のように述べている。「モダナイザー的保守主義者は、正真正銘社会的にリベラルであるというよりも、少なくとも公式には社会的リベラルを自称する必要があったのであり、しかもそれが役立つということを認識するようになったということなのである。事実、保守主義者にとって『モダニゼーション』は──寛容に対する原理主義的な関与としてよりも──政治的に動機づけられたかたちでのプラグマティックな相対主義として理解するほうが最善であるかもしれない」[26]。

　したがって、政権奪回という目的（政権意欲）のためなら柔軟な対応（適応性）もできるという、保守党モダナイザーの改革主義者的、プラグマティスト的側面も忘れてはならないのである。

　それでは、少なくとも1997年総選挙から2005年総選挙まで（ポスト・メージャー期）の保守党において、モダナイザー的保守主義者は何故党内主導権を握ることができず、トラディショナリスト的色彩の濃い保守党になってしまったのであろうか。

　第1に、サッチャー時代の成功体験、換言すれば「サッチャーの遺産」がサッチャー退陣後も院内保守党で影響力を持ち続けたことによる。とりわけ、サッチャー党首時代（1975～1990年）に議員としての訓練を受けた人びとからすれば、ネオ・リベラリズムなどその当時の成功体験に対する信仰はおそらく絶対的な存在であり続けるであろう。同時に、サッチャー時代に進展した保守党支持の「イングランド南東部（農村部）固定化」現象も無視することはできない。極端な見方をすれば、大都市以外のイングランド地方農村部の利益を代表する候補者しか、保守党では議員になれなかったということに

117

よる。

　第2に、これまではどちらかといえば国家の役割、ヨーロッパ統合をめぐる党内対立緊張関係のほうにウェイトがあった——モダナイザーにも反欧州派は多く存在する——ため、「モダナイザー 対 トラディショナリスト」という構図がさほど大きな注目を集めてこなかったという点を指摘することもできるであろう。さらには、党首自身の信念が曖昧であったことも否定できない。2001年、2005年総選挙での保守党連続敗北は、そうした「内向き路線」によってももたらされたといえる。

　そして第3に、ブレアと「ニューレイバー」の台頭に直面した結果、保守党独自の伝統的価値観に基づいてブレア労働党との差異を無理やりつくれば何とかなるという「誤り」に、党全体が気づかずにいた。その結果、中道的で普通の有権者（センターグランド）よりも比較的右寄りの政治観を持つとされる、小規模で特定の保守党支持層（コア・ボート）からの支持をつなぎとめることに終始した。そのため、トラディショナリストの「党内天下」が続いたといえよう。

　結局、ポスト1997年の保守党モダナイザーは、総選挙連続3回敗北という事実を目の当たりにしたことで2005年5月以降、その過ちを繰り返さないよう党内に強く訴えかける機会をようやく手に入れた。そして現行党首選挙規定改革には失敗したものの、前述した若手モダナイザーのキャメロンが12月に新党首として選出されたことで、ようやくそのオポジション力回復の道が一応開かれるようになったのである。

5．結びにかえて

　「21世紀の政党」の内容からもわかるように、2005年当時における保守党モダニゼーションの本質、オポジション力回復のための最重要課題は、ヘイグ元党首（1998年改革）によって導入され、右派のダンカンスミス元党首を誕生させた党内民主主義的な「現行党首選挙規定」の改革であったといってよい。要するに、「1党員、1票」による党首選挙を、旧党首選挙規定（下

第4章　保守党のモダニゼーション：オポジション力回復に向けて

院議員のみの秘密投票）に戻すことにあった。そこから、そして歴史的に見ても、保守党では何にもまして院内保守党（下院議員団）と「党首」の位置づけや存在が大きな意味を持つことがわかる。

　党内対立と論争の性格については、従来的な「ウェット　対　ドライ」、あるいは「親EU　対　反EU」に加え、1997年総選挙以降著しくなった「モダナイザー　対　トラディショナリスト」という党内主導権争いの図式を用いることで、さらに説明できると思われる。今のところ保守党モダナイザーは、道徳的社会問題に関しては「リベラルな」対応をするが、社会的リベラリズムの原理主義者ではない。むしろトラディショナリストや権威主義的保守主義者に対抗し、オポジション力を回復させるためにこそ党内改革を志向したり、政策的にもプラグマティックな態度を取ったりする傾向があると理解すべきであろう。ただし今回の場合は、改革あるいはオポジション力回復の"足を引っ張りやすい"「党内民主主義」を修正しようとしたのがモダナイザーであり、逆にトラディショナリストがそれを維持する側につくという皮肉な図式になっていたのである。

　保守党のモダニゼーションが1997年総選挙以降党内で進展しなかった理由は、本論で述べたとおりである。そしてオポジション力という見地から特に重視したい側面は、ブレア労働党の存在である。当時いわゆる「第三の道」路線に基礎づけられた「ニューレイバー」との政策面、イデオロギー面での「差異化」を野党として追求しすぎたためと考えられる。その結果、党全体の体質が右へシフトしてしまい、かつて保守党を支持していた中道的な一般有権者や無党派層の保守党離れを促進することになったからである。彼らから「真のオポジション」とはみなされず、必然的に偏狭な単なる「野党」に転落してしまったことが党内モダナイザーの復権を手間取らせ、オポジション力回復への道も遠のいてしまったのである。

　以上の考察から、2005年の保守党内改革計画案、そしてとりわけ「党首選挙規定改革」の試みは、「党首」の重要性を、さらに「党政策」の方向づけを決定づける内容と意義を有するものであった。必然的に保守党オポジショ

第 2 部　現代オポジションの実際：「生来の統治政党」保守党の事例

ン力回復のためには必要不可欠な試みであったといってよい。結果的に「党内民主主義」によって葬り去られたし、その試みはかつての労働党における党規約「第 4 条」修正ほどシンボリックには見えないかもしれない。しかしオポジション力を喪失していた当時の保守党の場合、それに匹敵する意義を持っていたと理解しなければならないのである。

註
（ 1 ）2004年欧州議会選挙、統一地方選挙結果の詳細ならびに分析については、拙稿「二〇〇四年欧州議会選挙における英国独立党の意義」『政経研究』第41巻　第 4 号、日本大学法学会、平成17年、および「二〇〇四年イギリス統一地方選挙と保守党」『政経研究』第42巻　第 1 号、日本大学法学会、平成17年をそれぞれ参照されたい。
（ 2 ）『読売新聞』2004年 6 月15日。
（ 3 ）Cf.(http://politics.guardian.co.uk/election2005/stateofparties/0'15991,,00.html)
　　2005年総選挙におけるスウィングの幅は以下のとおり。労働党（－5.4）、保守党（＋0.7）、自民党（＋3.8）、その他（＋1.0）。
（ 4 ）1987年総選挙以後のイギリス労働党の党内改革については、杉本稔「イギリス労働党の党内改革」『政経研究』第33巻　第 1 号、日本大学法学会、平成 8 年を参照。
（ 5 ）この*A 21st Century Party*の全文内容については、イギリス保守党公式ホームページ（http://www.conservatives.com）などを参照。
（ 6 ）保守党首脳会議は、党の組織と運営上のあらゆる問題に関する最終意思決定機関であり、1998年、当時のヘイグ改革に基づいて設置された。保守党内各部門（議員、党職員、地方党活動家など）の代表者17名で構成される。
（ 7 ）The Constitutional Collegeは、保守党の①下院議員、②欧州議会議員と上院議員協会執行部、③全国保守党協議会（各選挙区協会チェアマン、各地域別党役員、党首脳会議メンバー、その他の古参党員から成る）の 3 部門によって構成される。この約1,100人程度のメンバーの郵便投票結果に基づいて、

2005年9月27日に、各部門それぞれ3分の2以上の賛成で党首選挙規定改革が正式に承認されれば、その内容にしたがって新党首選挙が実施されることになっていた。
 (http://news.bbc.co.uk/1/hi/uk_politics/4747211.stm)
 (http://www.conservatives.com)
（8）*A 21st Century Party*, pp. 1-3.
（9）*Ibid.*, p. 21.
（10）党首選挙規定改革以外の、いわゆる「ヘイグ改革」の主な内容として、党内各部門の一元化、党首脳会議や全国保守党協議会、党倫理委員会、保守党政策フォーラムなどの設置、党中央による全国党員名簿の管理などがある。
（11）1998年に導入され、2001年に初めて実施された現行党首選挙規定の欠陥として、同文書は以下の3点を指摘している。①党首最終選出権を持つ一般党員と、党首解任権を持つ下院議員が、別々になっているのは不自然、②費用と時間がかかりすぎて、不確実性や不信を生じさせる、③下院議員が選出した2名のうちどちらか1人を選ぶ「二者択一」方式なので、党員に最終決定権があるとはいえ、党首として党員が好む候補者を常に選択できるとは限らない。
 Ibid., p. 15.
（12）Cf. Robert McKenzie, *British Political Parties The Distribution of Power within the Conservative and Labour Parties*, 1964（早川崇、三澤潤生訳『英国の政党―保守党・労働党内の権力配置―』上巻、有斐閣、1965年を参照）。
（13）この点については、拙稿「イギリス保守党における党首評価と党首選挙」『政経研究』第41巻　第1号、日本大学法学会、平成16年を参照されたい。
（14）現行党首選挙規定起草の中心人物であったパーキンソンは、早くからサッチャーに抜擢され、党チェアマンとして1983年総選挙を勝利に導いた。その後、女性問題で政治の第一線から退いていたが、1997年総選挙惨敗後党首に就任したヘイグによって党チェアマンに復帰した。
 John Ramsden (ed.), *The Oxford Companion to Twentieth-Century British Politics*, 2002, pp. 496-497.
 一方、モードは保守党内改革派の集団 C-Change の創設者でもある。2001年保守党党首選挙では、サッチャー派から社会問題についてリベラルなモダナ

第 2 部　現代オポジションの実際:「生来の統治政党」保守党の事例

イザーに転向し 1 票差で脱落したポーティロ（Michael Portillo）元下院議員の党首選挙参謀長の重責を担っていた。
(15) 2001年イギリス保守党党首選挙の分析については、拙稿「2001年イギリス保守党党首選挙と党員」『日本選挙学会年報　選挙研究』No. 19、日本選挙学会／木鐸社、2004年を参照されたい。
(16) (http://news.bbc.co.uk/1/hi/uk_politics/vote-2005/frontpage/4526741.stm)
(17) 菊川智文『イギリス政治はおもしろい』PHP 研究所、2004年、126頁。また、BBC ラジオ番組による 5 月下旬の調査によれば、回答した保守党選挙区協会チェアマンの半数以上（66人中、36人）が今回の党首選挙規定改革に賛成したという。
　　(http://news.bbc.co.uk/1/hi/uk_politics/4571907.stm)
(18) ちなみに、このハワード／モード提案をこのとき支持したのは、わずか 4 人であるともいわれている。
(19) (http://politics.guardian.co.uk/conservatives/story/0,9061,1508318,00.html)
(20) (http://conservatives.com)
　　主な改革反対派議員としてダンカンスミス元党首や、アンクラム（Michael Ancram）元副党首などがいた。
(21)　9月27日の投票結果は以下のとおり。有効投票総数1,001票（投票率　87.7パーセント）。
　　改革賛成……611票（61.0%）、改革反対……389票（38.9%）、白票……1 票。
　　しかし、①党下院議員、②党上院議員と欧州議会議員、③党員の 3 部門でそれぞれ 3 分の 2 以上の賛成多数を獲得することが採択の条件とされていたが、部門別でその条件を充たしたのは、①党下院議員だけであった。
　　(http://www.conservatives.com)
(22) Kevin Hickson (ed.), *The Political Thought of the Conservative Party since 1945*, 2005, pp. 65-66, pp. 163-164.
(23) *Ibid.*, pp. 163-164, pp. 220-221.
(24) *Ibid.*, p. 202.
　　(http://www.timesonline.co.uk/article/0,,1072-1635683,00.html)
(25) (http://news.bbc.co.uk/1/hi/uk_politics/4713181.stm)

(26) K. Hickson (ed.), *op. cit.*, p. 164.
　また、保守党モダナイザー議員のグリーン（Damian Green）によると、多くの保守党モダナイザーは、同時に強烈な欧州懐疑派でもあるとされる。
　Ibid., p. 218.

第5章　オポジション・メンバーの政治観と保守党

1. 序　論

　2005年5月5日に行われたイギリス総選挙は、大方の予想どおりブレア（Tony Blair）労働党の勝利に終わった。もっともこの勝利は1997年、2001年両総選挙で見られたような「地滑り」ではなかった。そのうえ労働党は2004年の欧州議会選挙および統一地方選挙でその議席を大幅に減らしていた。それにもかかわらず肝心の国政選挙では、党史上初となる総選挙3回連続勝利という快挙を成し遂げたのである（表13を参照）。
(1)
　しかしながら2005年総選挙最大の注目点を、それとは別の現象に見出すこともできる。戦後初となる保守党3回連続総選挙敗北がそれである。歴史的に見た場合、20世紀はそれなりに'Conservative Century'であったが、もはや'Conservative Britain'は終焉を迎えてしまったのであろうか。また、1997年総選挙敗北以来キャメロン（David Cameron）党首登場（2005年）まで、保守党は何故、オポジション力の回復に時間がかかったのであろうか。
　近年における選挙研究の成果によって、有権者による「党首評価」がその政党支持にも反映されるという事実は、比較的よく知られるようになった。

表13　イギリス総選挙結果（1992−2005年）議席数と得票率（％）

	保　守　党	労　働　党	自　民　党
1992	336 (41.9)	271 (34.4)	20 (17.8)
1997	165 (30.7)	418 (43.2)	46 (16.8)
2001	166 (31.7)	413 (40.7)	52 (18.3)
2005	198 (32.4)	356 (35.3)	62 (22.0)

R. Garner and R. Kelly, *British political parties today,* 2nd ed., 1998, p. 39 および（http://politics guardian.co.uk/election2005/ stateofparties/0,15991.,00.html）に基づき作成。

さらに「党首イメージ」は、例えば経済など主要争点についての「政党イメージ」にも関連があるとされることが多い。そうした見解からすれば「保守党・保守党党首」に対する「一般有権者の評価(イメージ)——イギリスの首相として最適かどうか」と、総じて右寄りとされ、しかも実質的に党首を選ぶ「保守党員の評価(イメージ)——自分たちの党首として最適かどうか」との間には、越えることのできない何らかのギャップがあるのではないかと考えることも可能となる。換言すれば1997年以降ヘイグ(William Hague)、ダンカンスミス(Iain Duncan Smith)そしてハワード(Michael Howard)と、総選挙に勝てず、普通の有権者から見れば首相にしたくないような「党首」を合計3人も立て続けに選出してしまったのは、保守党の党首選出母体——候補者(下院議員)、党首選挙権者(下院議員と一般党員)——の側に問題があるからではないかという素朴な疑問に結びつく。

　こうした問題意識に基づき、筆者はオポジション・メンバーとしての保守党員を対象として、2005年末にアンケート調査を実施した。本章はその調査結果の分析を通じて、知られざる地方草の根党員(党活動家/アクティヴィスト)の政治観(保守党観・党首観)と、オポジション力衰退との関係について考察していくことを目的とする。

2．現代イギリス保守党員の保守党観

　序章ならびに本章の序論でも触れたが、1990年代以降今日に至る保守党オポジション力衰退要因を理解するには経済運営能力/政府の経済パフォーマンス以外に、「党首」にも注目する必要があるといわれている。そこでまず、保守党党首選挙「第2ステージ(候補者2人に対する、全国約30万人ともいわれる党員の無記名郵便投票に基づく最終決選投票)」の選挙民である「一般党員」の特質と、その保守党観ないし党首観について明らかにしてみたい。なお今回は紙幅の都合もあるため、保守党党首選挙「第1ステージ(候補者多数の場合、2人に絞り込むために下院議員のみの無記名投票によって行われる党内選挙)」の選挙民「党下院議員(院内保守党)」についての分析は、別の機会に

譲ることとする。

　既述のように筆者は、「イギリス保守党における議員候補者選定と党首選挙、あるいは近年の保守党低迷要因との関係」について研究するため、2005年総選挙前に（新人）議員候補者選定を行いその議員を当選させた、約50の保守党選挙区協会（the constituency associations、以下CA）のチェアマン（党員／党活動家）を対象としたアンケート調査を2005年12月に実施した。そして、そのうち20のCAから貴重な回答を得ることができた。そこでその調査結果を分析し、保守党のなかでもとりわけ「未知なる部分」ともいえる党員たちの「生の声」の一部を手がかりとして、上記の問題点について可能な限り解明していくことにしたい。

　イギリス労働党の研究と比較すると、保守党研究はイギリスでも相対的に少なく、また保守党「一般党員」の実態を明らかにした調査研究はさらに少ないというのが現状である。現在約25万人から30万人程度ともいわれているイギリス保守党員については、いくつかの数少ない断片的調査などから、「イングランド南東部に比較的多く居住する、男性中心で高齢化した、しかも平均的な国民からすればやや右寄りの政治意識を持つ人びと」というイメージが定着している。さらに保守党元チェアマンのモード（Francis Maude）によると、45歳未満の党員は全保守党員のわずか16％であり、しかも45歳未満の女性保守党員となると1％しかいないとされているのである。また、現在の保守党党首に関していえば、公式には強大な権限──例えば党内人事権、党政策最終決定権など──を有しながらも、党の中道化など党全体の方向づけに困難が伴うのも事実である。それについてイタリアの政治学者パーネビアンコ（Angelo Panebianco）は、党内右傾化（サッチャー現象）と1975年保守党党首選挙規定改革とを関連づけて、「党内民主化」と「党内右傾化（右派支配）」との因果関係という視点から説明している。
(5)

　いずれにせよ、イギリス保守党員の実像に迫るにはサンプリング・データがやや不足していることは否定できないが、与えられた条件のなかで可能な限り、保守党のオポジション力衰退要因と党員の「保守党観・党首観」との

第5章　オポジション・メンバーの政治観と保守党

表14　全国20の保守党選挙区協会チェアマンに対するアンケート調査結果

2005年総選挙に向けて現在の議員候補者を選定した主な理由を、以下から四つ選んでください。その人物（現・議員候補者）の：

1　新自由主義的な経済政策観・・・　4
2　道徳的社会的政策、あるいは男女問題に対する保守的かつ伝統的な態度・・・　4
3　欧州連合に対する懐疑的態度・・・　8
4　個人的性格（例　社交性がある）・・・・・・・・・・・・・・・・・・・・・・・・・・・・・・・・・・・11
5　私生活（例　よき家庭人である）・・・・・・・・・・・・・・・・・・・・・・・・・・・・・・・・・・・　4
6　コミュニケーション技術と知的能力・・・・・・・・・・・・・・・・・・・・・・・・・・・・・・・・17
7　職業や経験・・　4
8　政治的な経験（例　元地方議員、元欧州議会議員、党活動家などの
　　経験を持つ）・・11
9　当該地域での諸問題に対する貢献・・・・・・・・・・・・・・・・・・・・・・・・・・・・・・・・・・　6
10　保守党全般に対する貢献・・　7
11　議員候補者選定における党中央事務局および党首脳会議の影響・・・・・・・・・　0
12　その他・・・・・・5（自民党から再び議席を勝ち取れる能力）（理想的な年齢）
　　　　　　　　　（保守党支持者好みの人であり、ハードワークの実績を持っているから）
　　　　　　　　　（ウェールズ語を話す能力と当該地域に居住していること）
　　　　　　　　　（かつて2001年総選挙で保守党から立候補しているから）

関係について探っていくことにする。

アンケート調査結果から、とりわけ本章で検討されるべき問題点は、各CAで行われる「議員候補者選定」と、前述の「党首選挙」第２ステージにおける党員たちの右派的イデオロギー的側面（例えば、社会問題に対する権威主義的態度の強さや自由市場への原理的執着など、サッチャリズムへの愛着度）、ならびに党首観、換言すれば「保守党員（特にアクティヴィスト）は、本当に一般の有権者よりも右寄りなのか」という点である（本章で考察の対象としたアンケート調査結果は、調査全体の一部である。本章で使用したアンケート調査結果については、註（6）および表14～17、23Ⓐを参照）。

表14は、2005年総選挙における「議員候補者選定」理由を尋ねた内容である。その結果を見ると、いわゆる「保守党下院議員のつくられ方」においてはサッチャリズム的要素などのイデオロギーよりも、その人物の能力・人柄・

第2部　現代オポジションの実際:「生来の統治政党」保守党の事例

表15　全国20の保守党選挙区協会チェアマンに対するアンケート調査結果

21世紀の保守党議員・議員候補者そして党員は以下の項目にもっと関与すべきである:

	①「ワン・ネーション」保守主義	②社会問題に対する権威主義的態度	③欧州懐疑的態度
まったくそう思う	1	0	5
そう思う	6	3	7
どちらともいえない	7	8	4
そうは思わない	2	4	4
まったくそうは思わない	2	3	0
無回答	2	2	0

経験が重視されていることがわかる。この点については、1992年に全国規模で同様の調査を行ったホワイトリー (Paul Whiteley) らの結論と大差ない。それによると、保守党員たちは思ったほどサッチャー的見解の持ち主ではなかったというのであるが、今回の調査でもほぼ同様の結果が出たといえる。しかしイデオロギー的スタンスはさほど重視されないとはいえ、「欧州懐疑的態度」に限っては、議員候補者選定のうえで比較的重視されているといえる。ここから、2001年保守党党首選挙の決選投票で、知名度や政治的経験が豊富で中道的見解の「親EUだが、総選挙には勝てそうな」クラーク (Kenneth Clarke) が、その正反対の「反EU」候補者ダンカンスミスに敗れた理由が裏づけられる。したがって欧州懐疑論は別として、保守党下院議員になるにはその人の特定のイデオロギー的要素は最重要というわけではなく、そうした意味で保守党員の多くは画一的な右派的イデオロギー人間ばかりというわけではないともいえそうである。

次に、「保守党議員・議員候補者・党員の政策思想面でのあるべき姿」に関する党員たちの見解(表15)を見ると、①(市場の失敗を克服するため、経済社会に対する政府の積極的介入をも容認する)ワン・ネーション保守主義志向も結構多いことがわかる。やはり表14で明らかとなったように、1980年代的な新自由主義への固執は絶対的ではなく、よりグローバル化した21世紀に

ふさわしい「新たな保守主義」を模索中だといえそうである。ちなみに2005年の党首選挙で選出されたキャメロン党首は、社会的公正や環境への配慮などを強調する「現代的で、思いやりのある保守主義」(modern, compassionate Conservatism) を標榜していたため、その対抗馬だったデーヴィス (David Davis) よりも明確に保守党の方向性を打ち出すことに成功したといってよい。

この質問項目については、世論調査会社 YouGov が2005年5月5日、18歳以上の成人3,461人のうち「保守党に投票した」と答えた人を対象に実施した調査でも、〈自分はワン・ネーション保守主義者である……39%、サッチャー的保守主義者である……24%、どちらでもない……26%、わからない……12%〉という結果が出ている。[9]また、②（社会問題に対する権威主義的態度）でも保守的な見解は予想以上に少なく、むしろ社会的にリベラルな保守主義——エスニック・マイノリティへの寛容、同性愛の容認など——を支持する声のほうが多かった。もとよりこれは回答した党員（チェアマン）の年齢や世代に左右されるのかもしれない。しかし③（欧州懐疑的態度）については、「反EU」を支持する意見が圧倒的である。もっともこの点については保守党員のみならず、一般の有権者／国民の大多数もほぼ同様であろう。このようにヨーロッパ統合のさらなる深化によって、以前と比較しても「欧州懐疑的」保守党員が多数を占める。とはいえ、①と②に対する結果からすれば、右傾化は全部の保守党員には当てはまらないかもしれない。

表16は、2001年保守党党首選挙と2005年保守党党首選挙における党員たちの投票方向を比較したものである。回答した20名のチェアマンのうち、前回は右派のダンカンスミスを支持していたにもかかわらず、2005年には保守党モダナイザーのキャメロンに鞍替えした者が数名いた。[10]その理由として、例えば一部の回答に代表されるように、2001年にダンカンスミスに投票したのは、当時の争点が「反EUか、親EUか」であり、クラークが「親EU」であるがゆえ党を統一できないと考えたからというものであった。一方、2005年におけるデーヴィス支持の理由としてはその知名度、豊富な政治的経験、

第2部　現代オポジションの実際：「生来の統治政党」保守党の事例

表16　全国20の保守党選挙区協会チェアマンに対するアンケート調査結果

党首選挙での投票方向：	2001年党首選挙	2005年党首選挙
	クラーク……10	キャメロン……14
	IDS　　……10	デーヴィス…… 6

表17　全国20の保守党選挙区協会チェアマンに対するアンケート調査結果
2005年保守党党首選挙における主要選択基準（以下の項目から三つ選んでください）

	その候補者の：	
1	新自由主義的な経済政策観…………………………………………………	4
2	道徳的社会的政策、あるいは男女問題に対する保守的かつ伝統的な態度…	3
3	個人的性格……………………………………………………………………	13
4	私生活…………………………………………………………………………	0
5	コミュニケーション技術と知的能力………………………………………	13
6	次期総選挙で党を勝利に導けそうな能力…………………………………	17
7	保守党全般に対する貢献……………………………………………………	4
8	政治的な経験…………………………………………………………………	7
9	その他…… 6　（諸政策全般）（ルックスのよさ）（党を統一できる能力、そしてあらゆる年齢層にメッセージを伝えられる能力）（無回答）（よい側近グループを束ねることのできる能力）（若さと外見）	

資質などが挙げられているのに対し、キャメロン支持の理由はその若さ、プレゼンテーション能力、現代的ニーズに適している、そして何よりも保守党の「コア・サポート」を越えて、イギリス選挙政治の「センターグランド(Centre Ground)」を再び取り込むことができそうだからという意見がほとんどであった。さらに、表17で、キャメロンとデーヴィスという二者択一の場合の選択最重要基準として挙げられている項目を見ると、党員による議員候補者選定のときとほとんど同じであり、欧州懐疑的態度以外のイデオロギー的相違はほとんど考慮されていない。むしろ2005年の党首選挙では、「次期総選挙で保守党を勝利に導けそうな能力」が１位で重視されていたのが注目に値する。

以上から、今回の調査では調査対象数が少なくデータ的に不十分な側面があるにせよ、ヨーロッパ統合以外の点では、現在の保守党員（党活動家／アクティヴィスト）たちは予想していたほど極端な「保守党観・党首観」や「右寄りの政治観」を画一的に持つ人びとではなかったといえる。それゆえ、党員を中心とした党内右傾化と「中道化路線を取れず、結果として総選挙に勝てない党首の形成」との関連については、確固たる証拠はそれほどないといえるかもしれない。

むしろ一般的な保守党草の根党員たちの大半は、無制限というよりも限られた権限や条件、そして選択肢のなかで保守党全体の方向づけに関与している存在として理解したほうがよい。当時の保守党低迷ないしそのオポジション力衰退の一因としてしばしば指摘される主張、すなわち「保守党草の根党員たちは『選挙に勝てる党首』ではなく、『自分たち好みの党首』を党首選挙で選びたがる傾向にある」という見解には、やや疑問が残るからである。

3．最近の党首選挙結果に見る保守党員の実態

2005年総選挙敗北から同年の保守党党首選挙でキャメロン党首が選出されるまでの約半年間、保守党員の間では久々に、サッチャー（Margaret Thatcher）時代初期にも見られたような、保守党の将来に関係する「イギリス保守主義の本質論争」が生じた。そこでの見解の相違は、2005年党首選挙での候補者の主張の違いや党内対立の基本的図式にそのまま当てはまるといってよい。つまり、2001年以来2回目となる「1党員、1票（OMOV）」によって2005年12月に新党首に選出されたキャメロンは、社会的にリベラルなスタンスを取り、プラグマティックなアプローチによって再び保守党が前述の「センターグランド」の選挙民に支持されるよう努力すべきとする立場（保守党モダナイザー）である。それに対し、敗れたデーヴィスは、より権威主義的なトラディショナリストと呼ばれるように「保守党はその諸原理を、実質的にはサッチャーの遺産を捨てるべきではない」と主張した。しかし両者とも欧州懐疑的立場という点では共通しているため、前回の2001年党首選挙のような

第 2 部　現代オポジションの実際:「生来の統治政党」保守党の事例

「親欧州（クラーク）　対　反欧州（ダンカンスミス）」という対立にはならなかったのである。

　2001年の党首選挙は、イギリス保守党史上初となる党員無記名直接郵便投票でダンカンスミスを選出した。周知のようにこれは、1997年総選挙での保守党惨敗直後党首に就任したヘイグによって一連の党内改革の一環として、その翌年から導入された新（現行）制度に基づくものである。表20を見ると、2001年時にダンカンスミスを選んだ党員たちの多くは、既に触れたとおり、ダンカンスミスのほうが「保守党を統一できて、自分たち党員の大半と同じ欧州懐疑主義」だという理由によって、「首相にふさわしく、総選挙に勝てそうな」クラークよりも、ダンカンスミスに投票していたことがわかる。

表18　2001年保守党党首選挙・党員最終投票結果（2001年9月11日）

（得票率）
ダンカンスミス……155,933票（61%）
クラーク　　……100,864票（39%）
投票率79%

(http://www.conservatives.com)

表19　2005年保守党党首選挙・党員最終投票結果（2005年12月6日）

（得票率）
キャメロン…………134,446票（68%）
デーヴィス………… 64,398票（32%）
投票率78%

(http://www.conservatives.com)

表20　クラークとダンカンスミスの資質に該当するイメージ（%）

	クラーク	ダンカンスミス
選挙区での知名度が高い	100	14
勤勉	82	97
保守党を統一できる	36	68
首相にふさわしい資質を持つ	80	58
労働党に対し、有効な代替案を示すことができる	90	73
自分と同じ欧州政策である	12	71
自分と同じ公共サービス政策である	72	70
保守党員の見解に通じている	45	80
国民全体の意見に通じている	60	48
穏健な意見を持っている	69	59
次の総選挙で保守党を勝利に導くことができる	52	49

(http://www.mori.com/polls/2001/ms010721.shtml)

表21　2005年保守党党首選挙における保守党員の支持の変化
（デーヴィス 対 キャメロン）

世論調査会社・提携紙	最終調査年月日	デーヴィス	キャメロン
YouGov/Telegraph	2005年9月9日	53（％）	36（％）
YouGov/Sunday Times	2005年10月9日	27	66
YouGov/Telegraph	2005年10月19日	23	77
ICM/BBC Politics Show	2005年10月28日	24	76
YouGov/Telegraph	2005年11月4日	32	68
YouGov/Telegraph	2005年11月11日	33	67

(http://www.ukpollingreport.co.uk/blog/?page_id=17)

表22　「キャメロン効果」（2005年12月6日、キャメロン新党首選出）

(A) 北部アイルランド以外での投票意思（絶対確実に投票に行くと回答した全員を対象）
質問：「明日総選挙があるとしたら、どの政党に投票したいですか」「未定もしくは回答を拒否するなら、どの政党を一番支持したいですか」（％）

	保守党	労働党	自民党
2005年5月5日（投票日）	33	36	22
2005年12月	40	31	21（＊電話調査）
2006年1月	40	38	17

(http://www.mori.com/polls/trends/voting-cert.shtml) に基づき作成。

(B) 投票意思（2006年2月3～5日、18歳以上の1,508人を対象とした電話調査）（％）
（　）は前回調査からの変化
労働党　36（－3）　　保守党　37（＋1）　　自民党　18（＋2）

(http://www.populuslimited.com/poll_summaries/2006_02_08_times.htm)

　一方、3回連続総選挙敗北後に実施された2005年党首選挙では、表17からも明らかなように、2001年時とは逆で、「変革をアピールできて能力もあり、首相としてふさわしく、総選挙に勝てそうだ」という理由からキャメロンが選出されている。また、ここでもキャメロンのイデオロギー的立場は最優先されてはいないのである。さらに2005年10月の保守党大会以後に行われた保守党員対象の世論調査では、ほとんどあらゆる調査においてキャメロンがデ

ーヴィスを逆転している（表21を参照）が、この点についての詳細な分析も別の機会に譲ることにしたい。

　マスメディアを通じた各種世論調査結果（表22を参照）からも、「オポジション・リーダー」としてのキャメロンは、党員以外の一般有権者の間でもそれなりに評価されていることがわかる。

　こうしてみると現在のイギリス保守党員たちは、世論調査結果やメディアによる評価などを通じて、今保守党が総選挙に勝てそうな環境にあると判断すれば「総選挙に勝てそうな」（保守党を中道化できそうな）人物を、逆に今は何をやっても——例えば労働党に「国民から見てイギリスの首相として比較的ふさわしいと思えるブレア」がいるので——保守党が総選挙に勝てそうもないと認識すれば自分たちの考えや姿に近い人物を、それぞれ現実的に取捨選択して党首に選んでいるとも考えられる。

　いずれにしても上記のアンケート調査結果と、党員による最近の党首選挙結果とを総合して考察してみると、2001年以後におけるイギリス保守党員の政治観（保守党観・党首観）について、以下の2点を読み取ることができる。

① 仮に「国民受けのする、総選挙に勝てそうな、中道的政策スタンスの党首候補者」が存在しても、それが「親EU」である限り、党員たちの多くからは支持されないため、結果的に党首の座に上り詰めることは難しくなっているということ（例、2001年および2005年党首選挙でのクラーク）。

② 反対に「反EU」であれば、党員たちの多くは2人の最終候補者のうち、総選挙に勝てそうな、国内政策面では中道的な見解を持つ党首候補者を支持する傾向がある（例、2005年党首選挙でのキャメロン）。

　ちなみに、前述のアンケート調査で「保守党が労働党に勝つために必要なことは何だと思うか」と尋ねてみたところ、注目すべき回答がいくつかあった。その一つは「過去2回の総選挙でもそうであったが、メディアによって

第5章 オポジション・メンバーの政治観と保守党

表23　現行の党首選挙制度について：Ⓐかつて（1997年以前）のように下院議員だけが選挙権を持つべきである（全国20の保守党選挙区協会チェアマンに対するアンケート調査結果）

まったくそう思う	4
そう思う	4
どちらともいえない	1
そうは思わない	7
まったくそうは思わない	3
無回答	1

Ⓑ2005年9月27日保守党 Constitutional College（郵便投票結果）

「保守党党首選挙制度改正・党選挙権を党員から剥奪し下院議員のみの選挙に戻す」提案についての賛否を問う。全メンバー1,141名中、1,001名が投票（投票率　87.7％）
改正実現の条件：①党下院議員、②党員、③党上院議員および欧州議会議員、計3部門でそれぞれ3分の2（66％）以上の賛成が必要。
投票結果：改正に賛成…611票(61.0％)　改正に反対…389(38.9％)　白票…1票
投票の内訳：①党下院議員　　賛成…71％(132票)　反対…29％(53票)⇒成立
　　　　　　②党　　　員　　賛成…58％(446票)　反対…42％(317票)⇒不成立
　　　　　　③党上院議員
　　　　　　　欧州議会議員　賛成…63％(33票)　反対…37％(19票)⇒不成立
結果：1998年に導入された現行党首選挙制度を、継続して実施することが決定。

(http://www.conservtives.com/tile.do?def=news.story.page&obj_id=125133)

駄目だというレッテルを貼られない党になること」というものであった。イギリス保守党といえども、党首とその政策が最初からメディアあるいはオピニオン・リーダーによって「イギリス首相および統治政党としての資格なし」という評価をされてしまうと、同一党首在任中それを回復するのは困難であるということ。そしてそういう評価が党全体の認識やイメージとなってその後の総選挙結果にも悪影響を及ぼしてしまうということであろう。このことは、ヘイグ、ダンカンスミスそしてハワードと、3人の保守党党首すべてに当てはまる事柄である。

　要するにこれは、「潜在的な首相」としてメディアとオピニオン・リーダ

第2部　現代オポジションの実際：「生来の統治政党」保守党の事例

表24

```
                （中央）                    （地方）
                 党　首  ←─────────→  各 CA    ＊自律的存在
  （仮説）  院内保守党（下院議員）          一般党員
  関心事：選挙に勝つこと（政権獲得・維持）   党内権力・既得権死守＊
                                          ＊（党首最終選出権、議員候補者選定権）
  傾　向：欧州懐疑的傾向                    欧州懐疑的傾向
          モダナイザーと伝統主義者の対立    サッチャリズムへの固執は強くない
  党首観：選挙に勝てそうな人物を志向        自分に近い、自分好みの人物を志向

  党首選挙需給関係：〔需要と供給〕←──────→〔需要〕
```

☆党首として選ばれた最大の理由（1975年以後の事例）

（最多得票者）	－院内保守党の選択－
1975　サッチャー	…反ヒース票による（ヒース以外なら誰でも可）
1990　メージャー	…サッチャー路線を最も覆しそうにない人だから
1997　ヘイグ	…若くて未知数なので、敵が一番少なかったから
2001　クラーク	…親EUだが、ポーティロが敗れたので
2005　キャメロン	…ブレアに対抗できて選挙に勝てそうだから
	－党員の選択－
2001　ダンカンスミス	…クラークが親EUで、ダンカンスミスが反EUだから
2005　キャメロン	…候補者2人が反EUで、キャメロンは選挙に勝てそうだから

・院内保守党が党首として選択する理由：①多くの議員にとって最も無難な候補者（消極
　　　　　　　　　　　　　　　　　　　　的選択）
　　　　　　　　　　　　　　　　　　　②選挙に勝てる（中道化も可能な）候補者
・一般党員が党首として選択する理由　：①欧州懐疑的な候補者
　　　　　　　　　　　　　　　　　　　②選挙に勝てる（中道化も可能な）候補者
党首を選択する仕組みに、問題があるのではないか。
・1975～1997年……「ヒースおろしと、サッチャー派生き残りのためにつくられた制度」
・1998年～　　 ……「ヘイグ党首の党内支持基盤強化のためにつくられた制度」
新しい党首選挙制度が必要だと考えられる。

一に評価されるような党首候補者が、常に、しかも民主的な手続きによって選出されるような党内党首選挙システムを確立する必要があるという指摘でもある。最後につけ加えると、表23Ⓐによれば、意外なことに党員としての既得権（党首の最終決定権や議員候補者の選定権など）保持に執着しない党員も、それなりに存在することが明らかとなる。1998年に導入された現行党首

第 5 章　オポジション・メンバーの政治観と保守党

選挙制度の弱点を理解している党員の存在こそ、イギリス保守党選挙政治の興味深い特質といえるかもしれない。

以上の調査結果ならびに考察と、「1975年以降の歴代保守党党首が党内公選で選ばれた理由」（表24を参照）を合わせてさらに分析を進めると、以下の点を指摘することができる。

① 前述のパーネビアンコの指摘——その詳細は、註（5）を参照——にもあるように、党首選挙に関する党内民主化（1975年、1998年）およびサッチャー党首の出現により、新自由（保守）主義や欧州懐疑論を軸とした、党政策の「右傾化」（サッチャー現象）は確かに生じた。しかし一般党員の性質や党首観、そして2005年のキャメロン党首選出を見ると、そうした党内民主化や「右寄りの」党員たちの圧力によって保守党の中道化、あるいは「総選挙に勝てそうな中道的党首の形成」が完全に不可能になったわけではなさそうである。

② 2005年総選挙敗北（5月）以後、キャメロン党首選出（12月）までの約半年間に党内で前述の「保守主義の本質論争」が生じた。それに伴い主に保守党モダナイザー側からなされた「現行保守党党首選挙制度改正、すなわち党首選挙権を党員から剝奪し、1997年以前のように下院議員のみの投票に戻す」提案に関する保守党 Constitutional College 郵便投票が行われた。その結果を見ると、モダナイザーの同提案は規定上それぞれの部門で3分の2以上の賛成を必要とするため、結果的に党員たちなどによって葬り去られた。とはいえ、党員代表の過半数（58%）は改革に実は賛成していたことがわかる（表23を参照）。また既述のとおり党員のすべてが自分たちの党内権力・党内既得権の保持に執着しているわけでもない。

したがって以上の結果から、次のように主張することも一応可能となる。

第 2 部　現代オポジションの実際:「生来の統治政党」保守党の事例

① 保守党員の大半は、確かに党内既得権保持に熱心だといえる。しかし他方で (a) 党員自らの党内権力・既得権が維持できて、(b) 党首選挙の候補者が「欧州懐疑的スタンス」であれば、2005年党首選挙でのキャメロン選出にもあらわれたように、保守党の中道化を目標とする（総選挙に勝てそうで、一般の有権者に対してもイギリスの首相として最適だというイメージを与える）保守党下院議員を新党首として選択する可能性も高い。

② 逆に保守党の下院議員（院内保守党）は総選挙を戦うので、穏健かつ中道的な政策を持ち、一般の有権者から見ても首相にふさわしいと思われるような候補者（同僚下院議員）を、党首として常に選びたがるはずだという考えも成り立つ。しかしながら、表24にもあるとおり、下院議員サイドから見た党首選択理由として中道的な立場で総選挙に勝てそうな人物というより、大半の下院議員たちにとって人物的にも、政策的にも、そして戦略投票によっても一番害の少なさそうな――政敵や批判者も少なく、無難で操縦しやすそうに見える――人物を選んでしまう（結果的に選ばざるを得ない）現状が存在することがわかる。

　これは、最下位の候補者から順次削り落としていく方法で行われている、院内保守党での党首選挙制度によるものである（表25を参照）。また、党首の選択肢として、院内保守党での投票で最終候補者として絞り込まれた上位 2 人（供給側）からしか選べない一般党員（需要側）に対しては、党内既得権とはいいながら実はそれほど幅広い党首選択権が与えられているわけではない。したがって、そうした意味では党員の側も現行党首選挙制度のいわば被害者であるといえる。

　それゆえ、イギリス保守党に関する従来的な固定観念やイメージとは正反対の結論を導き出せる可能性も出てくる。保守党オポジション力衰退要因、換言すれば近年の保守党党首が自分の党を政策面、人材の面で中道化しにくくなっている――中道的立場の党首を選出したり、中道的な党首の下で穏健

表25 現在の保守党党首選挙制度（手続き）

〔保守党〕 院内投票および OMOV 投票（1998年～）

※与野党いずれの場合も、同様の手続きで実施される。

党首不信任投票

- 保守党下院議員の15％（その氏名は内輪でのみ明らかとなる）の要求があれば、1922年委員長に党首不信任投票実施を求めることができる（あるいは党首は自分自身の意思で投票を呼びかけることもできる）。
- いかなるときでも不信任動議の提出は可能（年次コンテスト規定はなし）。
- 15％という敷居が突破されたら（あるいは仮に党首が投票を呼びかけたら）、党首不信任動議は保守党下院議員の投票に付される。無記名投票で不信任賛成票が過半数となれば、党首の敗北となる。
- 党首が勝った場合、その後1年間は新たなコンテストは認められない。党首が敗れた場合、党首は辞職しなければならず、その後党首選挙実施が告示される。不信任投票で敗北した現職党首は、その党首選挙には立候補できない。

党首選挙 （現職党首の死去、辞任ないし不信任投票成立によって行われる）

(1)立候補予定者は、期日までに出馬を表明し、自分を支援してくれる2人の保守党下院議員（その氏名は公表される）を集める。
- 候補者が1人しかいない場合は、無投票当選となる。
- 候補者が2人の場合は、コンテストはそのまま「1党員、1票」で行われる（以下(3)を参照）。

(2)候補者が2人以上の場合、2人の候補者に絞り込まれるまで、一連の党下院議員による投票が順次行われる。
- 各議員は各投票で1人の候補者に投票していき、最下位の候補者から順次除外されていく。獲得票同数の場合は、再投票が実施される。
- 候補者が2人に絞り込まれるまで一連の投票は実施される（投票日は毎週火曜日と木曜日）。

(3)勝ち残った上位2名の候補者に対し、個々の党員が「1党員、1票」で郵便投票を行う。コンテストは2か月にわたって行われ、過半数を獲得した方が当選者となる。

T. Quinn, "Leasehold or Freehold? Leader-Eviction Rules in the British Conservative and Labour Parties", *Political Studies*, 53-4, 2005, pp. 809-810.

な政策路線で総選挙勝利を目指したりすることができない——真の原因（責任）の一つは、このような実情および以下の2点に求められるであろう。

① 一般の有権者と比べても高齢で、「右寄り」の見解を持ち、選挙政治については無知で、そのうえ党内権力保持に関心があるとされることの多い存在は《地方》草の根党員（需要サイド）である。しかし、政権獲得や選挙のことを理解していて、総選挙に勝てそうな同僚議員を党首として選ぶとされながら、実際は大半の下院議員にとって最も無難な、あるいは利用しやすい人物しか党首として選べなかった《中央》院内保守党（需要および供給サイド）のほうにも改善すべき問題点は多いのではないか。

② そして、何よりもそのようにしか自分たちのリーダーをつくりだすことができない保守党「党首選挙制度」のほうにこそ、オポジション力衰退の責任は求められるべきである。表の23と24にも見られるように、「当時のヘイグ党首の党内支持基盤強化のためにつくられた」現行党首公選制度の一部を、キャメロンやモードらに代表される保守党モダナイザー議員たちが改革したがっていた理由も、そうした側面に見出すことができるのである。

4．結　論

イギリスのように「国政レベルで連立政治が常態化していない」政治システム、政治文化を持つ国では、とりわけ国政第一野党の場合、例えば「過去の遺産」や「コア・サポート」に依存し続けてしまう——ヘイグ、ハワード両党首時代の保守党で典型的に見られたような——いわゆる「内向き路線」に陥りやすい。それゆえ、党首公選制導入以前の保守党やサッチャー時代の保守党、あるいはブレアの労働党と比較してみても、状況や資質などの点で「党首」によほど何かが加わらない限り、現在の保守党では党内運営が困難になりやすくなる。結果的にそれが党の中道化を不可能にして、総選挙敗北

と保守党オポジション力の衰退を招いてしまったとも考えられる。

しかしデータ的には十分とはいい難いが、保守党内構造の末端を構成する保守党選挙区協会チェアマン（党活動家／アクティヴィスト）たちの見解、オポジション・メンバーとしての政治観（保守党観・党首観）の一部を検討してみると、EU問題は別として、予想していたほど党内権力保持に熱心ではなかったことがわかる。また極端かつ画一的に「右傾化」しているとはいえなかったし、サッチャリズム的なイデオロギーに固執しているという確かな証拠もなかった。むしろ2005年の党首選挙では、当時労働党党首の座に最も近い存在とされていたブラウン（Gordon Brown）に対抗できて、各種世論調査などから保守党を勝利に導けそうなキャメロンを選出していることからすれば、現実的中道的路線を志向する保守党員の姿も浮かび上がってくる。

したがって一般的な保守党員の一部は、平均的なイギリスの有権者と比較すれば、やや「右寄り」の見解を持ち、議員候補者選定権や党首選挙権などの「既得権益」を保持するため、党内政治にも積極的に関与したがる「党内拒否権プレイヤー」的存在といえるかもしれない。だが、それは党首にとって常に厄介で、扱いにくい党内圧力団体になるほど極端なものではないといえる。固定観念とは逆に、党内外を取り巻く政治的環境に応じて党中央に圧力をかけたり、党執行部に忠実になったりする可能性もある。

ちなみに、ブレア時代を通じて保守党がオポジション力を回復できなかった要因の一つとして、「反対党党首ブレアの存在」を挙げることはもちろん可能である。ブレアと「ニューレイバー」がイギリス政治の「センターグランド」を取り込んでしまった以上、保守党は「コア・サポート」を固めるために右傾化するしかなかったという議論である（図3を参照）。しかし、それによって保守党側の問題点や党首の責任を軽視することはできない。仮に保守党が中道化したとしても、ブレア政府と同じ政策を追求することはあり得ない。また、歴史的に見ても戦後の一時期見られたように、保守党がその政策を労働党に近づけた結果真のオポジションとして復活し、政権奪回に成功したこともあったからである。

第2部　現代オポジションの実際：「生来の統治政党」保守党の事例

図3　現代イギリスの政党と政党システム

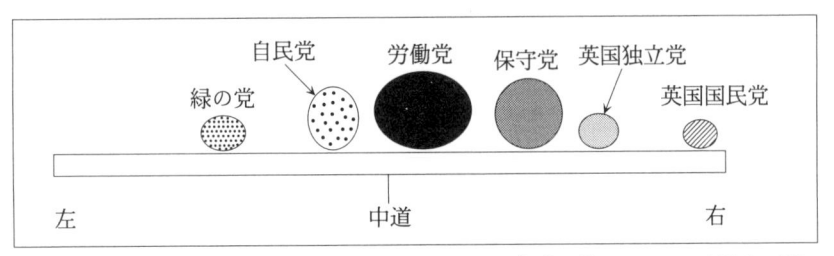

緑の党　自民党　労働党　保守党　英国独立党　英国国民党

左　　　　　　　中道　　　　　　　右

P. Dunleavy, "Facing Up to Multi-Party Politics", *Parliamentary Affairs*, 58-3, 2005, p. 508.

　20世紀半ばと比較すると、「コア・サポート」の主軸となるべき党員数とその組織率は目下減少、低迷している。しかも政治学者のノリス（Pippa Norris）によると、総選挙でのブレア労働党の成功は労働党への長期的な忠誠に基礎づけられた『固定的』なものではなく、むしろ『不確実』であり続けていたという。[14] そうだとすれば、'Conservative Britain' は決して終焉を迎えたわけではなく、党内構造や党首選挙制度など「保守党党首のつくり方」の問題点を克服することによって、再び真のオポジションとして復活することは十分可能であるといえよう。

　いずれにせよ序論で触れた「保守党・保守党党首」に対する「一般有権者の評価（イメージ）」と、「保守党員のそれ」との間には、予想していたほど大きく、しかも越えることのできないようなギャップは存在しないことがわかった。また、普通の有権者から見ると首相に選びたくないような「党首」をブレア時代の保守党が合計3人も立て続けに選出してしまった最大の責任は、同党の党首選出母体のうち、「党員」よりも「院内保守党（下院議員）」ないし「党首選挙制度」のほうに求められると考えることもできる。

　したがって、オポジション・メンバーとしての地方草の根保守党員の政治観（保守党観・党首観）と、総選挙連続敗北すなわちオポジション力衰退要因との関係は、「右傾化した党員の存在と影響→中道化できず、コア・サポートに依存する党首の選出→保守党支持の低迷」という固定観念的図式によってでは、十分に説明することができないということになるのである。

第 5 章　オポジション・メンバーの政治観と保守党

註

（1）本書の、第 4 章を参照されたい。

（2）Andrew Geddes and Jonathan Tonge (eds.), *Britain Decides The UK General Election 2005,* 2005, p. 66.

（3）この点については、最新のBritish Election Study（BES）調査結果を踏まえた、ランカスター大学教授デンヴァー（David Denver）の見解を参照のこと。

　Ibid., pp. 22-23.

（4）(http://news.bbc.co.uk/1/hi/uk_politics/4294554.stm)

（5）A. パーネビアンコ（村上信一郎訳）『政党―組織と権力―』ミネルヴァ書房、2005年、134頁、256-257頁。

　パーネビアンコは、この点について次のように述べている。

　「……保守党の議会指導者は、つい最近まで一種の『専制君主』であった。……ところが1975年には、総選挙の敗北後、議員団長〈引用者註　党首〉の選出規定が再び改正されることになった。そして、その選出規定には、新たに二つの条項が付け加えられた。第一の条項は、議員団長の選挙の前に、党の地方結社〈引用者註　CA〉の意見も聞かなければならないとした。第二の条項は、現職の議員団長に対して各議員は不信任投票を提案する権利をもつとした。この二つの条項は保守党の右派が求めていたもので、党の『民主化』を意味していた。その結果、『組織の秩序』は根本的に再構築され、議員団〈引用者註　下院議員・院内保守党〉に対する議員団長の地位も大きく変わることになった。なぜならば議員団長は、……なかば絶対君主のような存在から、保守党議員団の人質のような存在になってしまったからである。『サッチャー現象』、すなわち保守党の政策が右傾化したのも、こうした組織の変容によるものであった。その結果、今では議員団長は、保守党議員団の意向や党の地方結社の態度によって、ますます縛られるようになっているのである。……右派が勝利したことによって組織の形態も大きく変化した。すなわち党内競争の規則が変った。そして『目的の遷移』が生じた。いいかえると保守党のアイデンティティが、サッチャー流の『新自由主義』を軸として根本的に再定義されたのである。……」

（6）本章で使用した、保守党員の政治観に関するアンケート調査の概要は、以下のとおりである。

- 調査年月　2005年12月〜2006年3月。
- 調査対象　2005年総選挙に向けて、新人を含め議員候補者をあらためて選定し、かつ同総選挙で候補者を当選させた、全英55の保守党選挙区協会チェアマン。
- 調査方法　上記の各保守党選挙区協会宛に、アンケート用紙と返信用封筒などを同封した依頼書を航空便で郵送。任意で各協会のチェアマンもしくは代表者にアンケート用紙記入を依頼。返送されてきたもの（全55通のうち、20通）を集計、分析。
- 回答方法　質問事項を記したアンケート用紙への自記式。質問事項の該当箇所（一つもしくは複数）にチェックを入れるか、適切な回答を短く記入してもらう。
- 有効回答数　全55の協会のうち、20協会。
- 質問項目Ⅰ　2005年総選挙におけるイギリス保守党議員候補者選定について（質問数8）。
- 質問項目Ⅱ　2005年保守党党首選挙と保守党員について（質問数7）。

（7）Cf. Paul Whiteley, Patrick Seyd, and Jeremy Richardson, *True Blues The Politics of Conservative Party Membership*, 1994.

（8）2001年イギリス保守党党首選挙の分析については、拙稿「2001年イギリス保守党党首選挙と党員」『日本選挙学会年報　選挙研究』第19号、日本選挙学会／木鐸社、2004年を参照されたい。

（9）（www.YouGov.com）

（10）保守党モダナイザー（議員）の定義は多様であるが、例えば保守党元議員のポーティロ（Michael Portillo）によれば、「選挙に勝つためには、労働党が1997年の政権獲得以前に経験したのと同じくらい深い変革を、保守党も経験すべきであると（保守党員として）信じている人びと」だとされる。

　　（http://www.timesonline.co.uk/article/0,,2088-1838619,00.html）

（11）イギリス保守党の「コア・サポート」とは、例えば「移民排斥」などの保守的なポピュリズムに反応しやすい、保守党支持の右派的有権者を指す。また、イギリス政治を説明するときの概念として用いられる「センターグランド」は、'Middle England'（イングランドの保守的な中産階級）とほぼ同義であ

り、イギリスの二大政党が総選挙で勝利を収めるために必ず獲得しなければならない有権者層のことである。具体的には、現在ニューレイバーを支持しているＣ１（事務職）層を中心に、Ｂ（中間管理職）層ないしＣ２（熟練労働者）層も一部含む平均的な有権者、もしくは無党派層の大半ならびに旧保守党支持層などを意味する。

(12) 保守党党首に就任したキャメロンは、1966年10月生まれ。イートン校を経てオックスフォード大学を卒業した。1997年に初出馬して落選した後、2001年総選挙で初当選（2009年現在で、当選２回）を果たし、2005年にはハワード前党首の下で「影の教育・技能相」に大抜擢された。イートン校出身の保守党党首の登場は、1963年のヒューム（Sir Alec Douglas-Home、党首在任1963〜1965年）以来となる。

(13) イギリス保守党は、前述のヒューム党首選出をめぐる党内の混乱と、1964年総選挙敗北の余波を受けて、1965年、党史上初となる党下院議員のみの無記名投票に基づく「党首公選制」を導入した。しかし、同党首選挙規定には現職党首への挑戦を可能にする条項がなかったため、1975年にそれを可能にする改革が行われた。そして、1997年総選挙大敗北の影響と、その直後に就任したヘイグ党首の党内権力基盤強化、党員拡充さらに党員たちの声を尊重するため、党員に党首選挙での最終決定権を付与した現行党首選挙制度が1998年に導入された。

(14) Anthony Seldon and Dennis Kavanagh (eds.), *The Blair Effect 2001-5,* 2005, p. 66.

第3部

オポジションの理論と視点

第6章　保守党「オポジション力」を見る眼
　　　　：政治的マーケティングと党首選出プロセス

1．はじめに

　西欧で「野党」研究への関心が比較的高まったのは1960年代であった。戦後ヨーロッパ政治、とりわけ政党システムの安定化について時期的に評価しやすい段階に入っていたからである。同時に、フランス五月革命（1968年）に代表される政治的社会的異議申立て運動が多発していたことも無関係ではない。政治学における野党研究の動向は、時代の空気にある程度影響されるものなのかもしれない。
(1)
　転じて40年後の現在、野党研究の意義はどのような点に求められるであろうか。洋の東西を問わず、健全な民主政治にとって「責任野党」の機能が不可欠であることはいうまでもない。そこで、責任野党が逸早く制度化されたイギリスの事例を分析することで、「野党と政権交代のあり方」に関する理解も一層深まると思われる。そうした部分に、今日における野党研究の意義を見出すことができるであろう。
　既述のようにイギリス政治の特徴として、「オポジション（the Opposition)・国政第一野党」の存在と役割を挙げることができる。それは影の内閣を組織して政権交代に備えるなど、政府与党との競合を通じて議会政治の一翼を担う。また、政権獲得維持（次期総選挙勝利）を目指し、常に政権構想の努力を怠らない「潜在的政権政党」でもある。したがってイギリスの「オポジション」は、政府与党批判のみに終始する単なる「野党」とは本質的に異なるといえる。
　本書の第2部でも触れたように、1997年総選挙の「地滑り敗北」以来、保守党による政権奪回の試みは10年以上成功していない。政権獲得維持を最優先させてきた同党の歴史的伝統からすれば、これはほとんど異常事態と呼ぶ

にふさわしい状況である。加えて「…1997年以後の保守党は有効なオポジションとして登場することに失敗し、その（オポジションとしての）役割はメディアならびに与党内の諸要素にある程度奪われてしまった」(2)（保守党の周辺化）という指摘すら存在した。それゆえ、「オポジション力」とその衰退という視点から、その原因を解明していく必要もある。

　そこで第3部の本章は、イギリス保守党における「オポジション力」の現状と課題（1997～2008年）を新しい視点から検討しようとするものである。まず、繰り返しになるがオポジション力とは何か、何故保守党のオポジション力は衰退し、その回復が遅れたのかという点について、もう一度整理と確認を行う。そして保守党内部の変化と近年におけるイギリス政治全般の変容を踏まえて、リーマーシュメント（Jennifer Lees-Marshment）らの提唱する「政治的マーケティング（political marketing）」論をオポジション力分析の一視点として応用し、現代的理論面から補強していくことにしたい。

2．オポジション力の基本的構図と政治的マーケティング

(1) オポジション力の基本的構図

　既述のとおりイギリスのオポジションとは、競合する政党システムの枠内で代替政権として公認された政治組織を意味する。それゆえ、政府与党を単純に批判する能力だけでなく、元（あるいは将来の）与党としての政権構想力、政権奪回力を軸とした広範な能力・機能がオポジションには不可欠となる。それらを含むオポジション力の基本的構図は、図4のように捉えることができる。

　本書における議論の中心・狭義のオポジション力 (B) の主軸は、「政権奪回力」である。序章で触れたようにイギリス保守党研究者ボール（Stuart Ball）によると、下野したイギリス主要政党の政権奪回は、大別して「党内問題」と「党外状況」に左右されるという。前者は図4の「政権構想力」とその3要素――党組織、党政策、党首――に関連するものであり、下野した政党自らの努力次第でそれら3要素のリフレッシュやリニューアルが可能と

第6章 保守党「オポジション力」を見る眼

図4

```
┌─────────────────────────────────────────────────────────┐
│ │オポジション力│⇒ 潜在的政権政党としての広範な能力、機能、パフォーマンス。 │
│  ⎧ (A) 「制度上・形式上」…☆制度上自然にそうなる。[野党第一党としての │
│  ⎪                                         通常の役目] │
│  ⎪       野党第一党としての指定席に座り、影の内閣を組 │
│  ⎨       織して、政府与党と対決する役割。〈対与党：政 │
│  ⎪       策チェック力・論争力・交渉力など〉 │
│  ⎪ │
│  ⎪ (B) 「実質上・機能上」…☆努力しなければならない。[与党になるための │
│  ⎩                                         準備、機能] │
│    ↓ ①政治的マーケティング力 │
│    ↓ ②政権構想力…3要素（党組織、党政策、党首） │
│    ↓ ③政権奪回力…イギリスの場合「連立交渉力」ではなく、「単独で │
│           下院の過半数議席を獲得する力」 │
│           ◎保守党の秘密兵器……a「政権意欲」 │
│                    ↓   b「適応性」(A. Seldon and P. │
│                    ↓        Snowdon, 2005) │
│       1997年以降消滅？   プラグマティズムよりイデオロ │
│                        ギー的執着？ │
│          ↑↑↑           ↑↑↑ │
│ ※影響する諸要素：「伝統的党内構造」「党の歴史・文化」「党首のリーダーシッ │
│  プとイメージ」「党外状況の変化」など。 │
└─────────────────────────────────────────────────────────┘
```

なる。

　一方後者は、その政党自身では予想も制御も困難な諸要素を指す場合が多い。具体的には以下の七つの要素が指摘されている――①政府与党のパフォーマンス、②経済状態、③総合的な「国家の状態」に関する国民の認識、④国際的危機の効果あるいは国防に対する外国からの脅威、⑤政府に敵対的な知的傾向（メディアの役割のほか、①〜④の失敗によることが多い）、⑥第三政党（現在の自民党）の役割、⑦選挙制度のあらゆる改革。しかしこうした「党外状況」は政府与党の「命取り」にもなりやすいため、その活用は政権奪回の原動力となり得る。そして何よりもまず政権構想力の3要素を再整備して初めて、オポジション力の中軸たる政権奪回力の回復につながることは

いうまでもない。

(2) 現代イギリス政治の変容と政治的マーケティングの有意性

　現代におけるオポジション力の基礎・出発点は、政党の「政治的マーケティング力」だと考える。病院や大学など企業以外の組織での問題解決手段としてマーケティングの有意性を認める、「社会的マーケティング（social marketing）」[4]という立場がマーケティング論には存在する。したがって政党、とりわけ総選挙という競争の敗者・オポジションの抱える問題点を検討するうえでも、一つの有効な分析枠組みになると思われるからである。

　またリーマーシュメントの指摘によるとサッチャー（Margaret Thatcher）時代以後、とりわけ1997年総選挙以降、イギリス政治は「政治的マーケティング革命（political marketing revolution）」を経験しているという。その本質は以下の2点に要約される。すなわち「政治的消費者（political consumer）」の出現と、それに伴う主要政党の「市場志向政党（market-oriented party, MOP）」化傾向（その成功と失敗も含む）である。

　前者は普通の有権者を指す。しかし同時にマスメディアの情報に左右されやすく、政治エリートには懐疑的で、消費者保護的公共サービス観の持ち主でもある。そのため、政党などの行動様式に影響を与える存在となる。換言すれば教育と情報を有し、従来ほどエリートに従順ではない。まさに、消費者として好みの商品を選ぶように支持政党を選ぶ有権者とその増加を意味する。その構造的要因としてメディアの発達、パルチザンシップの減少、ライフスタイルの多様化のほか、consumerism の台頭なども指摘されている。[5]

　こうして政治的な「製品（product）」——党政策や党首など——に対する有権者側の意識と態度の変化に伴い、主要政党が従来的な「製品志向政党（product-oriented party, POP）」や「販売志向政党（sales-oriented party, SOP）」から前述のMOPに変質していく傾向とその成功——例えばニューレイバーの登場——は後者ということになる。それゆえ、総選挙に敗北（十分なMOP化に失敗）し、新たなマーケティング・リサーチと、多方面とのコミ

ュニケーションを通じて魅力ある政治的「製品」を模索しなくてはならない現代オポジションからすれば、政治的マーケティング力は重要な役割を持つといえるのである。

　もっとも、企業経営のあり方から生じたマーケティング・アプローチを「政党（政治）」研究へ応用することについては、反論や批判も当然つきまとう。例えば営利目的のビジネス（企業）と政治（政党）との間には、学問上であれ実際上であれ、それぞれ特有の言語、目標などが存在するため隔たりがある。さらに、実際の政治をマーケティングで捉えようとすることに関しては、少なからず抵抗が伴うことも否定できない[6]。

　しかしながら、本来のマーケティング論でも前述の「社会的マーケティング」という考え方が主流となりつつあるように、現代組織にはマーケティング・アプローチが有用だと思われる。また、リーマーシュメントによるこの分析枠組みはイギリス政党研究を通じて発展したものであり、与野党問わず主要政党の多様な側面について体系的なアプローチをもたらし得る。ゆえにイギリスのオポジション研究にも応用可能であるといえるであろう。

　近年のイギリス政党政治全般の特質と、それに対するオポジションとしての反応とあり方を十分踏まえたモデルこそ、政治的マーケティング論だということができるのである。

(3) 主要政党の市場志向政党化とオポジション力

　イギリスの主要政党はそれぞれ複数の目標（goal）、市場（market）そして製品を持っており、それらのすべてが各党のマーケティング利用法に影響する[7]。政治的マーケティングとは、ごく単純にいえば「政治組織によるマーケティング利用」[8]であり、また「元々その目標を達成するうえで役立つ（ビジネス界由来の）テクニック――市場調査、製品のデザイン化など――や概念を採用している政治組織の活動」ということになる。これをより包括的に捉えると、「政治組織―そのマーケット―マーケティング活動の利用―その製品―それに対する全般的な態度」という一連の関連性を研究することでも

表26

段階	「製品志向政党」	「販売志向政党」	「市場志向政党」
（1）マーケット情報…有権者の需要を確認する	×	○（2）	○
（2）製品デザイン…有権者の需要に合わせて行動をデザインする	○	○（1）	○
（3）製品修正…実現可能性、党内の反応、競争、支持を考慮	×	×	○
（4）充足…新たな製品デザインを充足する	×	×	○
（5）コミュニケーション…新たな製品デザインを有権者に伝える	○	○	○
（6）キャンペーン…有権者とのコミュニケーションのラスト・チャンス	○	○	○
（7）選挙…選挙に挑む	○	○	○
（8）公約の実行…与党になった際、公約を実行	○	○	○

D. G. Lilleker and J. Lees-Marshment, "Introduction: rethinking political party behaviour", in D. G. Lilleker and J. Lees-Marshment (eds.), *Political marketing A comparative perspective*, 2005, p. 8.

ある。換言すれば、組織がどのようにその消費者のニーズを理解して消費者を満足させ得る製品をデザインするか、そして組織目標を達成するためにその製品をいかに伝達するかということに関連するのである。ここから政治的マーケティングは、政党（政治家、党員）による実際の活動であると同時に、政党政治研究の視点・分析手段にもなり得ることがわかる。

　リーマーシュメントは、政治的マーケティングにおける政治組織（政党）の行動を「志向」という概念を用いて、前述のとおり①「製品志向政党（POP）」、②「販売志向政党（SOP）」③「市場（マーケット）志向政党（MOP）」の三つに分類した。また、政党にはPOP→SOP→MOPという変化のサイクルがあるとも考えられている。市場志向政党のマーケティング・プロセスには全部で八つの段階があるとされ、それぞれに対応するPOP、SOP、MOPの行動は、表26のようになるとされる。

　リーマーシュメントによると、その政党の「製品」——特に伝統的な価値やかつて支持された政策——に固執し、マーケット情報のリサーチよりも自

第6章　保守党「オポジション力」を見る眼

党の製品デザインに合わせて選挙に挑むのがPOPである。結果的に有権者はその政党の製品に投票するかたちとなるが、製品志向政党は選挙や党員による支持が得られなくなってもその「製品」変更を拒絶する。換言すれば純粋な製品志向政党は、人びとの支持がその製品に集まることを期待してそうするのである。SOPは、文字どおり製品のデザインよりもそのsellingに集中し、まずマーケティング・コミュニケーションを通じて有権者を説得しようとする政党である。しかし表26からもわかるように、段階(2)「製品デザイン」→段階(1)「マーケット情報」へ進むという点で、MOPよりPOPにやや近い。

そしてMOPは、製品デザインの前に世の中の関心事やプライオリティ、需要などを確認し理解しようとする。つまりマーケット情報収集から出発し、有権者のニーズやウォンツを反映させて、その党独自の製品をデザインし供給する政党である。それゆえイデオロギーやリーダーの意見で動くのではなく、その市場のニーズを充たすと予想される現実的な政策や党首の下で動く政党だとされる。[11]

序章でも触れたようにボールは、野党党首が「アクティブな」アプローチを取る場合選択を余儀なくされる路線（オポジションとしての方向性）を三つ提示した。それをこの3類型に当てはめると、およそ次のようになると思われる。

① 党の「中核をなす価値」に集中する……POP。
② その党内で最も口やかましい（vocal）支持者たちの見解を表明する……POP、SOP。
③ イメージや見解の豹変だと非難されても、そのアピールと支持基盤の拡大に重点を置く……MOP。

このように政治的マーケティング論の関心事は単なるsellingのみならず、ある組織（政党）の示す製品（政策や党首）と、それに対する消費者（有権者）

155

の反応についてであるということがわかる。政治的マーケティングから見た場合、オポジション力回復の基本は、まさしく MOP 化（とその努力）そして、その領域での相手党以上の成功にあるといえるであろう。

3．政治的マーケティングに見る保守党オポジション力の現状

(1) 保守党の変質と党首の位置づけ

2009年、保守党の「野党生活」は12年目に突入した。次期総選挙で4回連続敗北となれば、1980年代の労働党の記録に並ぶことになる。20世紀に入ってから保守党の野党暮らしが10年に及んだ時期は、それ以外では1回（1905〜1915年）しかなかった。

またオポジションとしての機能不全という前述の指摘に注目した場合、保守党を分析する理由として以下の点も挙げなくてはならない。すなわちこの10年で労働党こそ「経済に強い党」、イギリスの the natural party of government だという評価が定着した。それゆえポスト1997年の保守党低迷は、過去のそれとは性質が異なるのではないかという主張（保守党の危機）がそれである。既述のように20世紀は 'Conservative Century' と表現されたこともあった[12]。とりわけ1993年ごろには、保守党「一党優位政党制」になってしまうのではないかという声すら存在したことを考えると隔世の感がある。

セルドン（Anthony Seldon）らによると、図4で示したオポジション力、とりわけ政権奪回力の構成要素――「政権意欲」と「適応性」――は、the natural party of government を自任する保守党のいわば秘密兵器であった。ところが1979〜1997年の間（サッチャー、メージャー政権期）に両方とも失ってしまい、逆にポスト1997年ではブレア（Tony Blair）とニューレイバーに奪い取られてしまったというのである。その結果、1990年代を通じて二大政党の伝統が逆転し始めたことが指摘された。要するに保守党は従来以上にイデオロギー的な政党に変質してしまっただけでなく、党首への造反に熱中するあまり党内団結の重要性を忘れてしまった。ゆえに伝統だったはずの「政権意欲」を失った状態にあるとされたのである[13]。換言すれば、保守党オ

ポジション力の衰退（変化）という主張である。

　第2部までの考察に基づくと、相手党（旧自由党、労働党）側の党内分裂といった党外状況を別とすれば、保守党オポジション力回復のためには政権構想力を支え、政治的「製品」の基礎となる党内3要素、とりわけ「党首」のリニューアルこそ必要不可欠だといえる。保守党における党組織改革や党政策変更の公的権威は制度上すべて党首に由来するし、マーケティングの活用も最終的には党首の判断によるからである。ところが周知のように、1997年以降の3人の党首、ヘイグ（William Hague、党首在任1997～2001年）、ダンカンスミス（Iain Duncan Smith ―以下IDS、2001～2003年）、ハワード（Michael Howard、2003～2005年）をもってしてもオポジション力回復には成功しなかった。その後2005年に登場したキャメロン（David Cameron）党首下で、ようやく政権奪回の好機到来・オポジション力の回復が指摘されるようになってきたといってよい。

　このように相手党側の状況変化も軽視することはできないが、保守党の党内問題からそのオポジション力を検討する場合、メディアの注目が最も集まる「党首」に焦点を当てなければならないと思われる。政治的マーケティング論では党首も政党の主要な「製品」として位置づけられるし、新たな党組織や党政策などの「製品開発やデザイン」、そのコミュニケーションでも、現在の選挙では党首とそのイメージが一定の役割を果たすからである。

(2) 政治的マーケティングから見たオポジション力の衰退とその本質

　保守党オポジション力衰退の始まりが「与党期」すなわちサッチャーならびにメージャー（John Major）政権時代に求められるというセルドンの指摘は、本書におけるこれまでの考察結果も踏まえると注目に値する。ちなみに最近の補欠選挙でキャメロン保守党が30年来の労働党地盤を奪回した（2008年5月）ように、保守党が補欠選挙で労働党から議席を奪い取ったのも、久しぶりのことであった。また、労働党と比較すると、「政府としての政策」と「党としての政策」の違いは保守党の場合ほとんどないとされる。そのた

め与党期が18年という長期に及ぶと、保守党独自の党政策形成マシーン機能が退化していくという分析も参考になる。⁽¹⁴⁾

そこで、第2部でも触れたが、ここでは政治的マーケティングの観点からサッチャー党首〜ハワード党首までの時期をもう一度簡単に振り返り、保守党オポジション力衰退の本質を検討することにしたい。

①サッチャーおよびメージャー時代（1975〜1997年）

リーマーシュメントとリレッカー（Darren G. Lilleker）によると、サッチャー（党首在任1975〜1990年）も、当初は自分の政治的製品のデザインを伝えるためマーケティングを活用した。ところが総選挙勝利を重ねるにつれドグマティックになり、マーケティング情報（助言）やメディア対策を軽視するようになった。その結果、彼女が確信してつくった「製品」に固執する態度（いわゆる人頭税導入など）がメディアや党内外の支持を失い、1990年党首選挙で辞任に追い込まれたのだと説明されている。その後メージャー（党首在任1990〜1997年）時代になるとヨーロッパをめぐる党内造反・分裂やイギリスのERM離脱（1992年）、いわゆるsleaze問題などを通じて党首の権威と党（経済）政策への信頼が急落した。その結果マーケティング・リサーチも不十分なものとなり、党首や政策といった「製品」まで曖昧かつ信用しにくい不安定なものというレッテルが（メディアによって）貼られてしまったとされる。⁽¹⁵⁾

②ヘイグおよびダンカンスミス時代（1997〜2003年）

18年ぶりに下野した保守党を率いることになったヘイグ党首は、その支持率低迷や2001年総選挙での二度目の「地滑り敗北」ゆえ、「同じ場所で足踏みしていた」無能な党首という評価が定着している。しかし企業経営者的感覚があったヘイグは党首として、党首公選制度の民主化（一般党員によるOMOV制の導入、1998年）に象徴される一連の党組織改革を行っただけでなく、停滞していたマーケティング利用を復活させようと努力した。例えば民

第6章　保守党「オポジション力」を見る眼

間経営コンサルタント出身のノーマン（Archie Norman）議員を登用したり、公共サービス改革を軸とした党政策形成の参考とするため、一種の党内公聴会ともいうべき 'Listening to Britain' に着手したりした。

しかしカリスマ性に乏しく、メディア戦略でも失敗したため彼と保守党に対する世論調査支持率は上昇せず、ヘイグに対する党内右派（多数派）からの反発も多くなった。そのため党内団結と党首の権威保持を最優先するため、途中から「コア・ボート」戦略（一般の有権者以上に右寄りの支持層や党活動家たちに支持されやすい政策に執着すること）への転換を余儀なくされた。こうしてUターンした結果、保守党は「反移民・減税・ポンド維持」というポピュリスト的マニフェストを掲げて、ニューレイバー1期目と戦うはめになったのである。

2001年総選挙敗北とそれに伴うヘイグ辞任後、同党史上初のOMOVで党首となったIDSも、世論調査やフォーカス・グループを重視したといわれている。彼の場合「頑固な右派、メージャーに造反した欧州懐疑派」というイメージがつきまとう。しかし党首としてはそのキリスト教的社会正義感に基づき、保守党政策を理念的側面から優先的にリニューアルしようとした点が注目される。「冷酷な党（nasty party）」というネガティブなレッテルを払拭するためCompassionate Conservatismを標榜した。いわゆる「センターグランド」と呼ばれる中間的平均的有権者層はもちろん社会的弱者や若者にも同情的な党に変えていくことを目的として、マーケット情報を利用し続けたとされる[16]。ところが前任者同様メディア戦略で後手に回り、次期首相としても貫禄のないIDS本人への支持が世論調査で増えることはなかった。その結果「党員が選んだ、選挙に勝てない党首——次期総選挙のお荷物」という理由で、任期途中の2003年に院内保守党（保守党下院議員たち）の党首不信任動議と投票——党首解任賛成90、反対75——によって党首の座を追われたのであった。

第3部　オポジションの理論と視点

③ハワード時代（2003〜2005年）

　2人の若い前任者に懲りた院内保守党が、世代交代の流れにとらわれず従来的でインフォーマルな協議慣行——マジック・サークル——を通じて（院内保守党の無投票当選によって）、党内統一用・次期総選挙管理党首として担ぎ上げたのがハワード元内相であった。しかし彼もまたマーケティング活用には熱心だったという。まず保守党中央事務局合理的再編の一環として「マーケティング部」を新設——IDSがやりかけた仕事を受け継いだ——し、そのディレクターとして民間企業出身のマーケッターを任命した。その結果党政策形成の伝統的要であった保守党調査部（CRD）が、再び党政策ネットワークの中枢に位置づけられるようになったのである。このことは、前述したように与党期に退化した党政策形成マシーンの修理が完了したことを意味するものであった。

　さらにヨーロッパ問題についてもハワードは'live and let live'（お互い許しあって生きていく）路線を通じて、党内分裂回避に成功した。こうして保守党は予想どおり2005年総選挙には敗れたものの、ハワード党首下でようやく詳細な政策展開が可能な状態になった。[17] 同時に、若手で比較的無名だったキャメロンなど党内モダナイザーを重要ポストに抜擢したのもハワードである。[18] そうした意味でキャメロン保守党とその発展の土台づくりにハワードは貢献したともいえる。

　このように政治的マーケティングという見地から、保守党「失われた10年」の3党首を概観してみると、一般の評価やイメージとはやや異なって見えることがわかる。ヘイグによって開始されたオポジション力回復の試み、より厳密にいえば既述のMOP化を目指す努力は、特にメディア戦略の面で確かに当時は失敗した。だが、メディア対策の重要性を教訓としたキャメロンの時代になって実を結んだといえるかもしれない。

　保守党オポジション力回復（MOP化）がキャメロン党首登場（2005年）まで遅れた理由についてリーマーシュメントは、党首によるMOP志向を妨げ

160

る障害物（抵抗勢力）が保守党内に存在したことを指摘している。注目されたその党内障害物とは、（おそらく総選挙勝利より党内既得権益に執着するとされる一部の）地方草の根党員・党活動家たちである。保守党内での「院内政党（中央：下院議員）　対　院外組織（地方：党員）」という利害関係の対立を考慮しなければならないということを意味している。[19]

換言すれば党首による政治的マーケティングの試みが、1997年以降党内（マーケット）での支持をなかなか獲得できなかったということでもある。労働党政府に対抗し得る政治的「製品」の開発が妨げられた結果、「1997年以後の保守党は選挙のたびに市場志向を目指してきたのに、障害によって販売志向（SOP）的かつエリート主義的アプローチに逆戻りしてしまった」とリーマーシュメントは主張する。結局ハワード時代になっても保守党はSOPに留まり、結果としてMOP化がなお不十分だったことこそ、保守党の側（党内問題）から見た2005年総選挙敗北の主要因だったということになる。[20]

以上からすれば、保守党固有の党内構造、政治文化などに起因する障害（制約）をメージャー以後の「党首」が克服できなかった事実に、ポスト1997年の保守党オポジション力衰退の本質を見出すことができる。この点に関連して本章は、同時期の各党首によるオポジション力回復の試みは「党内デモクラシー」という近年――特に1975年以降――つくられた党内障害物によって弱体化して失敗したという考え方を強調するものである。さらにそのカギは地方党員というより、党下院議員を中心とした保守党党首選出プロセスにあるのではないかと考えられる。そこで次に、党首選出プロセスの側面から保守党オポジション力の課題について検討していくことにしたい。

4．保守党オポジション力の課題と党首選出プロセスの問題点

(1) キャメロン党首の意義と保守党の課題

　ギャンブル（Andrew Gamble）は1997年総選挙直前の保守党を'an ideological party'として描写した。その見解がハワード党首時代の当時（2004年）でも該当するとしたのは、ガーネット（Mark Garnett）である。同党の[21]

161

政権奪回力の主要秘密兵器——政権意欲、適応性——を喪失したとされる1980年代は「ウェット 対 ドライ」、90年代に入ると「親欧州 対 反欧州」および「(社会的道徳的問題について) リベラル 対 保守的／権威主義的」、そして最近では「モダナイザー 対 トラディショナリスト」という党内対立・抗争に基づく分裂を保守党は経験してきた。そのため与党時代はまだしも、野党暮らしが長引くとイデオロギー的な党内分極化が強まり、結果的に党首の権威や求心力が不安定になりやすかったのである。

　他方で上記四つのうち前者二つはほぼ解決済みとなり、また既述のようにハワード前党首の貢献で党内融和的な状況になっていたことも確かであった。そしてキャメロン党首を誕生させた2005年保守党党首選挙は、大雑把にいえば「キャメロン〈リベラル、モダナイザー〉対 デーヴィス（David Davis）〈権威主義的、トラディショナリスト〉」という図式で行われた。キャメロンは、若手の党内モダナイザーという立場を標榜しつつも、その政策はサッチャリズムの修正、再検討とも取れるようなプラグマティズムに終始していたと思われる。

　さらにキャメロン自身の演説能力やカリスマ的雰囲気に加え、同陣営のメディア戦略とそれに伴う——ブレア的改革路線の真の後継者、次期首相にふさわしい人物としての——イメージ管理も3人の前任者以上に、そして野党党首時代のブレアを想起させるほど巧みであったといわれている。その結果キャメロンは、党員による決選投票（党首選挙第2ステージ）直前の2005年党大会で、代議員（党員）やメディア、一般有権者向け世論調査などから支持を集めて最終的に選出された。[22]そうした状況は、保守党が政権奪回力の秘密兵器を本気で再び思い出したかのようであった。カリスマ的魅力のモダナイザーで、「ブレア的スタイル」も本格的に取り入れたキャメロン新党首（新製品）の登場によって、内外から保守党オポジション力回復への第一歩を踏み出したかのように受けとめられたことはほぼ間違いない。[23]

　当初圧倒的だったブレア人気とニューレイバーの存在を別とすれば、党内分裂に苦しむ保守党が失敗した理由の大半は、政治的消費者の満足度を充た

第 6 章　保守党「オポジション力」を見る眼

すと予測される政治的「製品」――実現可能性のある医療・教育サービスの改善と充実化、首相にふさわしいイメージの党首など――の開発、そのデザイン化や提供ができなかった点にある。それでも表26の「(1) マーケット情報」、「(2) 製品デザイン」、「(3) 製品修正」、「(4) 充足」そして「(5) コミュニケーション」までは、「2005年党首選挙でのキャメロン選出」、一連の世論調査結果や「最近の統一地方選挙・ロンドン市長選挙・補欠選挙における保守党勝利」などを通じて一応実現したと解釈することは可能である。それゆえ、上記の(1)から(5)までを責任を持って一貫して担える党内人材をさらに育成していくこと、政策理念の明確化、そして MOP 化の障害物対策などが、さしあたりキャメロンと保守党全体の課題であるといえよう。

(2)「市場志向政党化」の障害物：保守党党首選出プロセスの問題点

　リーマーシュメントは MOP 化の障害物として、その政党固有の政治文化の存在も挙げた。特に重要視されているのは、院内保守党に対する（おそらく一部の）各選挙区協会（CA）活動家・党員の抵抗と圧力であろうか。また別の側面から見れば、MOP化を目指す「党首」に対する「党内デモクラシー」による妨害ということでもある。[24]

　確かにそういう側面があることも否定できない。例えば第4章でも説明されたように2005年総選挙敗北後、実現には至らなかったものの現行党首選挙制度を従来の制度――院内保守党のみの秘密投票――に戻そうとする動きが院内保守党内部にはあった。党員による OMOV が維持される以上、IDS のような「党員好みではあるが、一般の有権者には支持されそうもない」人物が党首に選出されやすいからだというのである。これについては既述のように、党活動に熱心な地方在住党活動家たちの大半は総選挙に勝つことより、党内での既得権――議員候補者選定権などの――維持を重視するので、本質的に党下院議員と党員の利害関係は完全には一致しない（対立することもある）という見解がそのモチーフとなっているように思われる。

　しかしサッチャー、メージャー時代に保守党オポジション力衰退の起源が

表27 保守党党首選挙制度の主な概略（細部は紙幅の都合で省略）

[旧選挙制度（1965～1997年）：院内保守党のみの秘密投票]
a 空席が生じた場合 党下院議員2名（1990年以降その氏名を公表）の推薦が必要。以下、(2)以降と同じ。
b 現職に挑戦する場合 1975年まで現職党首への挑戦に関する規定なし。
(1) 形式上、毎年コンテストを実施できることになっている（1975年以来）が、（1991年～）党下院議員の10%―その氏名は世間には公表されない―によって、1922年委員長あてに書簡で党首選挙実施が要求された場合のみ実施。
(2) 候補者が2名以上の場合、党下院議員は所属選挙区協会と協議したのち、一連の秘密投票を実施。1議員1票。
(3) 第1回投票：第2位の候補者に15%以上リードして過半数を獲得している候補者を党首に選出。
(4) 第2回投票：該当者がない場合実施。ここからの立候補も可。過半数を獲得した候補者を党首に選出。
(5) 第3回投票：該当者がない場合実施。ここからの立候補は不可。（1991年までは）第2回投票での上位3候補者による決選投票実施。（1991年～）第2回投票での上位2名の決選投票実施。ここでも同点だった場合のみ、第4回投票を実施。

[現行選挙制度（1998年～　）：院内保守党の秘密投票後、1党員1票による決選投票]
※現職党首の死去、辞任あるいは党首不信任投票成立によって実施（党首不信任投票手続きについては省略）。
(1) 立候補予定者は期日までに出馬を表明し、党下院議員から推薦人2名（その氏名は公表される）を集める。
　候補者が2名の場合は、コンテストはそのまま「1党員、1票」で実施。以下、(3)を参照。
(2) 候補者が2名以上の場合、最終候補者が2名に絞り込まれるまで、党下院議員による一連の秘密投票を実施。
　各議員は、各投票で1名の候補者に投票し、その都度最下位の候補者から順次除外されていく。
　獲得票同数の場合は、日をあらためて再投票を実施。
(3) 勝ち残った上位2名の候補者に対し、個々の党員が「1党員、1票」で郵便投票を実施。多数票獲得者が当選。

T. Quinn, "Leasehold or Freehold? Leader-Eviction Rules in the British Conservative and Labour Parties", *Political Studies*, 53-4, 2005, p. 810 などを中心に作成。

第6章 保守党「オポジション力」を見る眼

表28 主な保守党党首選挙結果（1975年～　）　※2001年以降は現行党首選挙制度

		院内保守党による第1回投票	第2回投票	第3回投票	党員決選投票（％）
1975年	サッチャー	130　47.1 (%)	146　52.9 (%)		
	ヒース	119　43.1			
	フレイザー	16　5.8			
	ホワイトロー		79　28.6		
	ハウ		19　6.9		
	プライアー		19　6.9		
	ペイトン		11　4.0		
	棄権・無効	11　4.0	2　0.7		
1990年	サッチャー	204　54.8 (%)			※ヘーゼルタインとハードが辞退したため、第3回投票は実施されず、メージャーが選出。
	ヘーゼルタイン	152　40.9	131　35.2 (%)		
	メージャー		185　49.7		
	ハード		56　15.1		
	棄権・無効	16　4.3	0　0		
1997年	ヘイグ	41　25.0 (%)	62　37.8 (%)	92　56.1 (%)	
	クラーク	49　29.9	64　39.0	70　42.7	
	レッドウッド	27　16.5	38　23.2		
	リリー	24　14.6			
	ハワード	23　14.0			
	無効・棄権	0　0	0　0	2　1.2	
2001年	ダンカンスミス	39	42〔再投票〕	54	61 (%)
	クラーク	36	39	59	39
	ポーティロ	49	50	53	
	デーヴィス	21	18		
	アンクラム	21	17		
2005年	キャメロン	56	90		68 (%)
	デーヴィス	62	57		32
	フォックス	42	51		
	クラーク	38			

T. Quinn, *op. cit.*, pp. 812-813.（http://www.conservatives.com）ほか。

求められるのであれば、サッチャー以後の各党首の「つくられ方・党首選挙プロセス」にも眼を向けていく必要があると考える。党首（そしてその党政策）という最重要製品を「つくる」党内政治文化や党内構造の要こそ、新旧「党首選挙制度」（表27を参照）でもある。党首が党内分裂を抑えきれなかったり、一般議員の造反にあったり、そのMOP志向が抵抗にあったり、そして任期途中で解任されたりした事実こそ、保守党オポジション力衰退の要因と本質をなしているからである。こうした側面が、MOP化（オポジション力回復）の障害になっているということはできそうである。

　そこで今度は保守党党首選挙プロセスの特質と問題点を明らかにしたのち、サッチャーからIDSに至る各党首選出プロセスとその意味を検討することによって、ポスト1997年の保守党オポジション力衰退の要因と今後の課題について考察していきたい。

　保守党党首選出プロセスにおける「需要と供給（結果）」のギャップについては、公選制導入以前の非民主的な協議慣行時代のほうが問題視されることは少なかった。ハワード無投票当選でも実証されたように、このいわゆるマジック・サークルを経て党首が自ずと「現れた」ほうが、党内団結や党首への忠誠心も比較的得やすかったからである。

　保守党党首選挙制度の民主化（改革）は、以下の3段階を通じて実現している。すなわち①院内保守党のみによる党首公選制の導入（1965年）、②現職党首への挑戦を容認（1975年）、③一般党員への党首選挙権付与（1998年）がそれである。この三つはいずれも前年の総選挙敗北──①1964年、②1974年、③1997年──と、それに伴う現職党首への不満、党首選挙制度変革の圧力が原動力となっていることがわかる。党内マーケティング・リサーチをもとに、オポジション力回復・強化の一環として導入された党内改革ともいえる。

　しかしながらこうした一連の「党内デモクラシー化」を通じて、党首の究極的正統性の根拠は党首の総選挙勝利実現能力に、あるいは総選挙勝利を必要とする院内保守党の意向に従来以上に左右されるようになってしまったの

第6章　保守党「オポジション力」を見る眼

である。換言すれば党首の地位が以前より不安定になり、党首は院内保守党との関係から見ると忠誠の対象というより、「院内保守党の人質」（A. パーネビアンコ）のようになってしまった。[25]

そのため、党内公選制で党首となったヒース（Edward Heath）以後の歴代党首は、党内団結を維持して自分の正統性も確立するため、従来以上に次期総選挙勝利実現を余儀なくされるようになった。もっともこの点で院内保守党から合格点を与えられたのは、1983年総選挙勝利後のサッチャーしかなかった。

第5章でも述べているように、まず保守党の政治的「製品」としての「サッチャー党首」誕生は、総選挙に連続敗北しても党首を辞任しようとしないヒースへの批判票によるものであった。それゆえ1975年党首選挙は、①ヒース陣営とサッチャー擁立派（反ヒース共同戦線）の非難合戦、②戦後コンセンサスに対抗する新自由主義の本格的挑戦という二つの意味で、人間関係的にもイデオロギー的にも党内分裂に貢献した。要するに、ヒースをおろすため現職への挑戦を可能にした（1975年）党首選出プロセスの産物こそサッチャーだったといってよい。

次に1990年党首選挙でメージャーが選出されたのは、イデオロギー上サッチャー路線を覆す可能性が一番少ないと「党内右派」（狭義ではイデオロギー的にサッチャー路線を支持する 'Neo-liberals' や 'Tory Right' 議員たち）から認識されたことと、旧党首選挙制度の途中立候補制（表27の(4)を参照）によるところが大きかった。つまりメージャー票も純粋な支持票ではなく第2志望票であり、「党内左派」（狭義ではイデオロギー的にサッチャー路線を支持しない、いわゆる 'Wets'、'Damps' を指す）[26]ヘーゼルタイン（Michael Heseltine）後継を阻止して、党内をそれなりに統一するための票であった。

1997年のヘイグ台頭・当選理由もメージャーのそれと同じである。ポーティロ（Michael Portillo）やヘーゼルタインが落選あるいは病気のため出馬できず、党内右派も3人の候補者（表28を参照）を一本化できなかった。そのため最初からベストな候補者だったのではなく、さしあたり党内左派で親

欧州のクラーク（Kenneth Clarke）を阻止して党内団結を図り、また新鮮なイメージをつくるのにベターだと認識されたからにすぎない。

そして現行党首選挙制度から初めて誕生したIDSの場合は、院内保守党の「社会的保守でトラディショナリスト」議員たちが、「リベラル色の濃いモダナイザー」ポーティロを阻止しようとしたことで予備選に勝ち残った結果によるものである。そして第5章での分析からも明らかなように、党員たちによる二者択一の決選投票では、クラーク党首実現阻止票を通じて、IDSも消極的に選出されたと考えられる。しかし既述のように次期総選挙の「お荷物」という理由から2年後、院内保守党によって任期途中で厄介払いされている。ゆえにオポジション力の観点からいえば、党史上初となった党内デモクラシー的党首選挙の欠陥だけを強調する結果となってしまったのである。[27]

サッチャー以後各党首の選出プロセスからまずわかることは、3人の「選出基準」として優先されていたのが、積極的な理由すなわち「一般有権者（政治的消費者）へのアピール度（electability）」や「統治の信用性（competence）」ではなく、消極的な理由ともいえる「党内での受け入れやすさ（acceptability）」のほうであったという点である。これでは前述のSOPにほかならず、MOPにはほど遠い。次に、3人とも「ベストというよりかろうじてベター」なリーダーであるということである。ヘッペル（Timothy Heppell）によれば3人とも、'default party leaders' として位置づけられることになる。「デフォルト（default）党首」というのは、「他の候補者が受け入れられないがゆえ、しかたなく消極的に候補者として担がれた結果誕生した党首」を意味する。[28] 確かに表28を見ると、院内保守党最初の支持票で過半数を獲得するのは難しいようでもある。このように無投票当選のハワードは別として、デフォルトな党首が党「主力製品」だった時代は、保守党オポジション力衰退と低迷の時期に重なっていたことがわかる。換言すれば各党首は、程度の差こそあれ党首選出プロセスに由来する「党内正統性」の問題をも抱えてい

たわけである。

　他方で1990年党首選挙でのサッチャーおろしと メージャー擁立、そしてIDS不信任動議提出とハワード無投票当選（2003年）を見る限り、「政権意欲」が院内保守党に一応残っていたことも読み取れる。同時にサッチャー以来党首公選プロセスには党内イデオロギー対立・抗争が何らかのかたちで作用し続けており、とりわけ党内右派や反欧州派、トラディショナリストなどが一定の役割を果たしていた。

　キャメロンの勝因については、相手候補ほどイデオロギー的立場を強調しなかったこと、党内から徐々に幅広く支持されていったこと、世代交代の進展という好印象が得られたこと、キャンペーン途中から人気が出始めて相手候補に逆転勝ちしたこと、そして党内モダニゼーションを重視したという意味で、1965年のヒース勝因との類似性も指摘されている[29]。2005年党首選挙でメディアと党員の好意を得たのは、キャメロンのパフォーマンスとそのインパクト、明快さ、コミュニケーション能力（偶然的要素）であった[30]。それに加えて世論調査での支持率逆転や、2008年における一連の選挙勝利は、ブラウン（Gordon Brown）労働党政権の失策や経済問題などの党外状況を除けば、党下院議員、党員、メディアそして一般有権者（政治的消費者）に acceptability はもちろん、electability も competence も「党首」キャメロンを通じてこれまで以上にもたらされた結果だと考えられる。

　しかし既述のように現行党首選挙制度が続く以上、カリスマ的党首といえども保守党支持率が労働党のそれを常に上回るか、政権奪回に成功しない限りその正統性が安泰とはいえないのが現実である。それゆえ、党首選出プロセス（構造的要素）の再検討こそ保守党とそのオポジション力にとっては、真の課題だといえるのである。

5．おわりに

　現代（イギリス）政治の変容に一定の貢献をしたのは、政治的マーケティングだといえるかもしれない。そしてその立場、理論あるいは視点からオポ

ジションを捉えてみると、相手党以上のMOP化に失敗（総選挙敗北）したものの、新たなマーケティング活用から出直して再びMOP化した潜在的政権政党こそオポジションということになる。それゆえMOPにおける、とりわけ「党首」中心の政治的マーケティング力に始まる政権構想力と、それに伴う政権奪回力こそ、真のオポジション力だといっても過言ではない。

ポスト1997年、何故保守党のオポジション力は衰退し、キャメロン党首の誕生までその回復に手間取ったのか。1980～1990年代における保守党の変質——党内イデオロギー対立の相対的激化、与党長期化による「政権意欲」や「適応性」の喪失——のほか、労働党の中道化、真のオポジション化（MOP化）も当然指摘される。だがそうした状況のなかで、ポスト1997年の保守党各党首も、実はそれなりにMOP化への努力を続けていた事実は注目に値する。

カリスマ的なブレアやニューレイバーへの期待が当初は圧倒的だったため、2005年総選挙で3回連続敗北するまで保守党はSOPに留まり、その先のMOPに脱皮できずにいた。相手党が先にMOP化してしまうと、もう一方の政党はなかなか政権を奪回することが——MOP化が——できなくなってしまうという傾向は、1980年代前半の労働党を見ても明らかである。保守党オポジション力が衰退したり、その回復が遅れたりした理由の本質を、このような現象（党外状況）に見出すこともできるであろう。

他方で保守党オポジション力回復（MOP化）に対する党内障害物の一つとして、党内デモクラシーも指摘することができる。なかでも「党首」という保守党最重要「製品」の「つくり方」、すなわち1965年以来3段階で民主化された「党首選出プロセス（党首選挙制度）」に、保守党オポジション力を衰退させて回復も遅れた原因の一つがあると考えられる。とりわけイギリス保守党の場合、何より院内保守党から見て「党首としての正統性を得にくい」『デフォルト』党首を、そして一般有権者（政治的消費者）から見て「必要とされない」次期首相候補を連続して登場させたからである。これでは相手党によほどの失策がない限り、党内団結を維持することやマーケティング活用

すら不可能となる。

　こうしてみると、「(今のところ、さほど)デフォルトとはいえない」キャメロン党首(製品)が現行党首選出プロセスから誕生し、人気の低下したブラウン政権下で保守党オポジション力もそれなりに回復した(ように見える)のは、ある意味では偶然の産物ともいえる。したがって保守党オポジション力の短期的課題としては、真のオポジションにふさわしい党製品のための一連の政治的マーケティング活動——表26の少なくとも(1)から(6)まで——を担える人材の育成が挙げられよう。

　さらにその長期的な課題は、SOPに留まらないMOP化への継続的努力、そしてさらなる党内障害物対策ということになる。例えばセンターグランド獲得維持のための党内モダニゼーション、中道化も部分的にはこれに含まれるであろう。イギリス保守党の場合、具体的には「デフォルト党首」の出現を防止できて、なおかつ党内デモクラシーも反映した新たな党首選挙制度づくりにあるといえる。換言すれば党内マーケティング結果のみを重視するのではなく、党外(政治的消費者としての一般有権者を対象とした)マーケティングをも十分考慮できる「党首」選出プロセス構築が求められるのである。

　「プロセスの失敗が結果の失敗につながった」とする前述のヘッペルの指摘は、やはり軽視することはできない。また、「保守党エリートの各世代は、彼らの党首選挙手続きに関して不適切であったばかりか、安定した(しかも民主的な)党首選出方法について意見が一致していなかった」[31]という指摘もそうした説明、解釈を裏づけるものといえるであろう。

　以上のように、政治的マーケティングという理論・視点から見ると、イギリス保守党のオポジション力は、「党首」選出プロセスを軸とした「党内デモクラシー」のあり方にも左右されると考えられるのである。

註

（1）こうした流れ、研究動向などについてはさしあたり Eva Kolinsky (ed.), *Opposition in Western Europe,* 1987（清水望監訳『西ヨーロッパの野党』行人社、2004年）などを参照。

（2）Bill Jones, *Dictionary of British politics,* 2004, p. 197.

（3）Stuart Ball, "Factors in Opposition Performance : The Conservative Experience since 1867", in S. Ball and Anthony Seldon (eds.), *Recovering Power The Conservatives in Opposition since 1867,* 2005, pp. 2-4.

（4）社会的マーケティング論には、このほかに、「社会との関わりを無視した企業活動はあり得ないため、企業も社会的責任を負うべきである。マーケティングも社会への貢献を重視しなくてはならない」という意味も含まれる。

（5）Jennifer Lees-Marshment, *The Political Marketing Revolution Transforming the government of the UK,* 2004, pp. 1-5. Darren G. Lilleker and J. Lees-Marshment, "Introduction : rethinking political party behaviour", in D. G. Lilleker and J. Lees-Marshment (eds.), *Political marketing A comparative Perspective,* 2005, pp. 1-3.

（6）J. Lees-Marshment, *op. cit.,* p. 8.

（7）リーマーシュメントによると、イギリス主要政党の最重要「目標」はいうまでもなく総選挙勝利・政権獲得維持であり、これこそが政党の行動分析やそのマーケティング効果測定の出発点となる。各党の「市場（マーケット）」には党員、伝統的支持者、中間的有権者（センターグランド）が含まれる。そして政党の「製品」も多様で、リーダーシップ（党首）、議員、党員、スタッフ、シンボル、規約、活動、政策などが挙げられる。D. G. Lilleker and J. Lees-Marshment (eds.), *op. cit.,* p. 6.

（8）一般的なマーケティングについては、1985年に全米マーケティング協会（AMA）が次のように定義づけている。「個人と組織の目標を達成する交換を創造するため、アイディア、財、サービスの概念形成（conception）、価格、プロモーション、流通を計画・実行する過程である」。嶋口充輝、石井淳蔵『現代マーケティング〔新版〕』有斐閣、2006年、11頁を参照。

（9）J. Lees-Marshment, *op. cit.,* p. 7, p. 9, p. 10. D. G. Lilleker and J. Lees-Marshment, *op. cit.,* pp. 6-7.

第6章　保守党「オポジション力」を見る眼

(10) J. Lees-Marshment, *op. cit.*, p. 10ほか。D. G. Lilleker and J. Lees-Marshment, *op. cit.*, p. 1, p. 7ほか。
　なお本文中でも紹介したが、三つの概念の特徴（動因）は以下のとおりである。
　　「製品志向政党」…政策を設定したうえで、わが党を有権者が支持するのはその政策が正しいからだと考える政党。
　　「販売志向政党」…政策を設定した後、それを支持するよう有権者を説得するために、コミュニケーション戦略のデザインにおいてマーケット情報を利用する政党。
　　「市場志向政党」…もはや歴史的なイデオロギーや未来的なレトリックと結びつかず、むしろそのコアとなる選挙マーケットを充たすうえで信頼できる「製品」の発展に、従来以上に焦点を当てている政党。

(11) D. G. Lilleker and J. Lees-Marshment, *op. cit.*, pp. 8-11.

(12) 例えば Anthony Seldon and Stuart Ball (eds.), *Conservative Century The Conservative Party since 1900*, 1994 を参照。

(13) Anthony Seldon and Peter Snowdon, "The Barren Years: 1997－2005", in S. Ball and A. Seldon (eds.), *op. cit.*, pp. 244-245.

(14) Greg Clarke and Scott Kelly, "Echoes of Butler? The Conservative Research Department and the Making of Conservative Policy", *The Political Quarterly*, 75-4, 2004, p. 379.

(15) J. Lees-Marshment and D. G. Lilleker, "Political marketing in the UK: a positive start", in D. G. Lilleker and J. Lees-Marshment, *op. cit.*, pp. 18-19.

(16) *Ibid.*, p. 20.

(17) Peter Dorey, "Attention to Detail: The Conservative Policy Agenda", David Broughton, "Doomed to Defeat? Electoral Support and the Conservative Party", *The Political Quarterly*, 75-4, 2004, p. 355, p. 371, pp. 380-381.

(18) 保守党の場合「モダナイザー」とは、政権奪回のためには中道化、社会リベラル化するなどして党（イメージ）を変革することが必要と考え、ブレア労

働党（特に野党期）の党内改革を模範にしようとする議員たちの全体的立場を指す。

(19) 歴史的に見た場合イギリス保守党は院内政党から発達したため、党地方組織は元来「(院内) 保守党の侍女」という位置づけがなされてきた。そのため1997年総選挙大敗北に至るまで、熱心な地方党活動家たちの一部には党内意思決定への発言権、参加の機会が少ないことへの不満が常に存在した。二者択一的な党首選挙権は1998年党内改革で党員に与えられたものの、IDSのケースで見られたように党首解任権は院内保守党しか与えられていない。

(20) J. Lees-Marshment, "Mis-marketing the Conservatives : The Limitation of Style over Substance", *The Political Quarterly,* 75-4, 2004, p. 371.

(21) Mark Garnett, "The Free Economy and the Schizophrenic State : Ideology and the Conservatives", *The Political Quarterly,* 75-4, 2004, pp. 393-394.

(22) キャメロンの政治的マーケティング活用能力と、2005年保守党党首選挙については、拙稿「2005年イギリス保守党党首選挙の特質と意義」『日本選挙学会年報　選挙研究』No. 23、日本選挙学会／木鐸社、2008年を参照されたい。

(23) 本文でも触れた2008年5月の補欠選挙以外でも、保守党は同年の統一地方選挙で圧勝したほか、「ロンドン市長選挙」では保守党のジョンソン（Boris Johnson）候補が労働党現職に勝利した。また、世論調査でも保守党支持がブラウン労働党を上回るようになり、とりわけ原油・食糧価格の高騰や、サブプライム問題に始まる経済問題（住宅バブルの崩壊など）への対応の不手際があった2008年以降は、40％以上（労働党…20％台）にもなった（YouGovなど各種世論調査結果を参照）。

(24) J. Lees-Marshment and Stuart Quayle, "Empowering the Members or Marketing the Party? The Conservative Reforms of 1998", *The Political Quarterly,* 72-2, 2001, pp. 208-209.

(25) Timothy Heppell, *Choosing the Tory Leader　Conservative Party Leadership Elections from Heath to Cameron,* 2008, pp. 1-3.

(26) サッチャー派などの分類や当時の保守党内スペクトラムについては、Philip Norton, "'The Lady's not for Turning' but what about the Rest? Margaret Thatcher and the Conservative Party 1979-89", *Parliamentary*

Affairs, 43-1, 1990, pp. 49-51を参照。
(27) T. Heppell, *op. cit.*, pp. 6-9, pp. 92-93, p. 129, p. 153.
(28) *Ibid.*, p. 201.
(29) *Ibid.*, pp. 10-11, p. 192.
(30) キャメロンの 'modern, compassionate Conservatism' というヴィジョンは労働党系のガーディアン紙も含む主要メディアの支持を勝ち取ったとされている。Peter Kerr, "Cameron Chameleon and the Current State of Britain's 'Consensus'", *Parliamentary Affairs*, 60-1, 2007, pp. 46-47.
(31) *Ibid.*, p. 197.

終　章　イギリス政治の要諦としてのオポジション

1．イギリスの政治史とオポジション

　本書ではイギリスの「オポジション」について、その思想・歴史・実際・理論（視点）という各側面から検討してきた。まえがきでも述べたように、諸般の事情でやむを得ず保守党にウェイトが置かれる結果となったが、少なくとも単なる「野党」と真の「オポジション」との違いを示すことはできた。そうした意味で、オポジション研究「序説」としての役割を最低限果たすことができたのではないかと考えている。

　とはいえ、イギリスのオポジションというテーマはイギリス政党政治史あるいは政治文化そのものであるため、オポジションのあり方や全体像を完全に把握する段階にはまだまだ至っていない。影の内閣の具体的な機能と役割、1841〜1846年の第二次ピール（Robert Peel）保守党内閣の意義など本書で検討しきれなかった分野も数多く残されている。今後は、本書で考察できなかった側面にもスポットを当てて、より密度の濃いイギリス・オポジション研究を目指していかなければならない。

　さて、序章ではイギリス主要政党の「オポジション力」をさまざまな角度から整理して検討した。そこからわかるのは、二つの異なる政党が有権者の支持を求めて自由に競合する姿を最初から前提としている点である。換言すれば、政党（政治家）というものはライバルを設定し、普段から切磋琢磨することによって初めて有権者の信頼と評価を勝ち取ることができるという教訓を示してくれる。それゆえ主要政党同士が互いに鍛え合うと同時に、その様子を第三者の立場から冷静に見極めて評価する「眼力」が、イギリスの有権者には経験的に備わっているということになるのであろう。

　しかしながら、もちろんイギリスの有権者にそうした眼力が先天的に備わっていたわけではない。第1部では、オポジションの思想と歴史のごく一部

終　章　イギリス政治の要諦としてのオポジション

を抜き出して考察の対象とした。第 1 章からわかるように、イギリスでは為政者（支配者）も国民（被支配者）も伝統と歴史的な経験を通じてイギリス流国家構造（憲法）を育て上げ、守り抜いていった。そこから、独自の国家構造を前提かつ当然視した政治のあり方を「学習」していったのである。また、既述のように当時の絶対王政カトリックのフランスという外圧に対抗し、できたての名誉革命体制を保護する必要性もあった。そうした基本的枠組みの 1 要素として、イギリスは「オポジション」の存在と役割を徐々に認め、それを擁護する気風のようなものが生成していったと見ることができるであろう。

　そのような特質は、20世紀初期の労働党オポジション化プロセスにおける既成二大政党とりわけ保守党側の対応からも具体的に読み取ることができる。第 2 章での考察を踏まえると、いわば発展途上の労働党を真のオポジションとして養育していくきっかけは、イギリス的国家構造の枠組みそのもの、そして労働党側の努力と姿勢にまず求めることができる。他方で、労働党単独ではこれほどスムーズにはいかなかった点も重要である。当時の自由党よりも保守党側のほうに、国家構造の新たな第 2 の担い手として労働党を受け入れなくてはならない特殊な事情があったからである。

　ボール（Stuart Ball）によると、1920年代当時の保守党が直面した問題は三つあった。第 1 は、世界経済構造変化に伴う保護関税政策導入の是非。第 2 は、分裂気味の自由党とりわけロイド＝ジョージ（David Lloyd George）に対する態度。そして第 3 は、第 2 の問題とも関係するが、1918年の選挙権拡大によって増大した新有権者（女性を含む）と労働党、社会主義の台頭に対し、「国家構造の擁護者」としてどのように対応するかという問題である[1]。結果として保守党は、自由党を見捨てる代わりに、「穏健な」労働党を新たなオポジションとして受け入れる――保守的な自由党支持者を包含する――決心をしたのだといえる。

　こうしたイギリス政治のいわば「遺伝子」は、現代の保守党にも受け継がれていることがわかる。第 2 部では現代オポジションの実際というテーマで、

1990年代から現在の（本書執筆時の野党）保守党を取り上げた。制度上はオポジションであっても、実質上のオポジション力を弱体化させた要因、そしてそこから這い上がってオポジション力を回復させようとする試みにスポットを当てた。そこからは保守党に内在するイデオロギー的分極化傾向をはじめ、党首の存在と役割の重要性、党首選出プロセスの意義と問題点、そしてごく部分的なデータではあるが「固定観念とは異なる」保守党員の姿などが浮かび上がってくるのである。要するに保守党も労働党も、名誉革命以来の国家構造のなかでしか暮らしていけないよう歴史的に育てられてきたということになるのであろうか。

　そして第3部では、現代オポジションを理解するための理論および視点として「政治的マーケティング」や党首選出プロセスなどの側面から、保守党オポジション力弱体化の本質を見出そうとした。政治的マーケティング革命をイギリス政治全体が経験しているにもかかわらず、保守党は販売志向政党（SOP）に終始し、キャメロン（David Cameron）党首登場まで市場志向政党（MOP）へと本格的に脱却できなかった。その主な要因としては、党内構造のうち「党員」より「党首選出プロセス」のほうに重点が置かれる結果となった。現代イギリス政治の要諦が17世紀以来歴史的に積み重ねられた結果である限り、オポジションに関しても時代を超越した歴史的文化的意味での「構造的要素」をまず理解しなければならないと思われる。

　もちろん、例えばウォルポール（Robert Walpole）の政治的力量、ボリングブルック（Bolingbroke）の置かれた立場、あるいはボールドウィン（Stanley Baldwin）とマクドナルド（James Ramsay MacDonald）の思想的類似性などの「偶然的要素」も軽視されるべきではない。しかしそれ以上に、歴史的文化的に形成され定着してきたその政治社会独自の経験を理解することが、イギリスのオポジション、そしてオポジション力を理解するための正しい道だといえるのである。

2．イギリスの政治文化に見るオポジションと日本

　河合秀和氏によるとイギリス憲法（国家構造）とは、国内の政治闘争を規制する条件を定めた一連の取り決めとされ、過去から受け継がれた慣習や制度がその中心になっていると説明される(2)。そしてそれらを実際につくって動かすアクターは数多くあるが、究極的にはイギリスの国民であることはいうまでもない。したがって、イギリス・オポジションのあり方をかたちづくってきた要素は、政治に対するイギリス（イングランド）の国民性・政治文化だといってもよい。

　これまでの内容を踏まえると、制度としてのオポジションの根底をなすイギリス的政治文化の一つとして、「寛容（toleration）」を挙げることができる。

　「寛容」とは何であろうか。一般的には、次のように定義づけることができよう。

　　「ある主体（個人や団体）が、自分が悪と（または嫌悪）する考えを表現・実行する他の主体に対して、迫害や排除等の影響力を振るえるにもかかわらず、かかる権力行使を控え、その共存を認めること」(3)。（傍点引用者）

　第1章でも触れたが、イギリスにおいても最初から「反対党」に寛容だったわけではない。しかしオポジションの歴史的発展の理由として、寛容の定着を挙げることは一応可能といえるかもしれない。また、宗教対立時代にロック（John Locke）は教条主義や抗争に対する寛容と妥協の利点を提唱しているが(4)、イギリス（イングランド）政治文化の特質として、この寛容が指摘されることも多い。

　寛容がイギリス政治文化の特質の一つとなったのは、ポスト宗教改革期の宗派間抗争と国家主権概念形成が歴史的に見て同時期に生じたからである。第1章でも触れているように諸宗派間の共存を容認することで、宗教による

179

差異を超越して「国民」の形成に大きな役割を果たした。それを通じて権威主義の否定（自由主義の基礎）、相互の意見の尊重、そして近代的議会主義の「討論（discussion）の自由へと発展していった。これは議会政治の基本原理であり、議会の意思形成のために議員が互いに政治的意見を戦わせること」だとすれば、当然「反対する自由」が共通の前提となるからである。

そしてイギリス憲法学者のジェニングス（Ivor Jennings）も、寛容とは17世紀の闘争から漸進的に発達し法のなかで完成した、イギリスの長きにわたる原則であり、同時にそれ以上に心の態度であると考えている。

ところで、本書で十分な考察ができなかった分野の一つに「イギリスの官僚制」に関する問題がある。イギリス特有の官僚制のあり方も、政党ないしオポジションの発展においては重要な意味を持つといってよい。イギリスでは王権によって逸早く官僚制がつくられており、クロムウェル（Oliver Cromwell）などによって基礎固めをされたイギリス官僚制は、当初は絶対君主の、そしてその後は「政党化した政府」の道具として機能することになるからである。

わが国のように本格的な市民革命と西欧的意味での市民社会を経験せず、当然イギリスのような独特の国家構造を持たない政治社会の場合、真のオポジションは定着し得ないのであろうか。最後に本書の締めくくりとして、この点について若干の私見を述べておきたい。

これまで検討してきたようにイギリスの国家構造と政治史の経験的所産の一つがオポジションである。マニフェスト（manifesto）なども当然そうだといってよいであろう。しかし同時にこれらも長い年月と時間をかけて徐々に定着していったものである以上、日本において今後定着しないとはいい切れない。

ただし歴史的に日本人が得意とする、外来のものを表面的に取り入れて改良するということだけでは、何年たっても日本の政治に真のオポジションが根本から定着することはないであろう。むしろ外来の諸制度の根底にある

「考え方」を受け入れて理解していくことから出発しなくてはならないといえる。したがってさしあたり、有権者の立場から積極的に関与して、複数の政党や政治家を自分たちにふさわしいよう自分たちで「つくる」という意識を定着させることがまず肝要である。そこから真の意味でのオポジションやオポジション力が育ち、鍛えられていくのではないだろうか。

その具体的な方法として、月並みではあるが、何よりもまず学校（初等・中等）教育において公共問題への自発的関与の重要性を歴史や実践のなかで学ばせることも大切であろう。そうした意味で、例えば裁判員制度の導入については確かに「上から」という性質や「半強制的」という問題点も否定できない。しかし「市民の司法参加」「国民が主役」という感覚を経験的に身につける「よい機会」として発想を切り替えて、これを積極的に見つめなおしていくことから始めてみてはどうだろうか。公共の事柄に対し、関心と意見を持つこと。そして相手の批判や意見を尊重できるような社会になっていくことこそ、わが国で真のオポジションが発達し定着するための第一歩となるであろう。

註

（1）Stuart Ball, "Democracy and the Rise of Labour : 1924 and 1929–1931", in S. Ball and Anthony Seldon (eds.), *Recovering Power The Conservatives in Opposition since 1867*, 2005, pp. 156-162.
（2）河合秀和『比較政治・入門〔改訂版〕』有斐閣、2000年、58頁。
（3）猪口孝ほか編『政治学事典』弘文堂、2000年、213頁。
（4）Bill Jones, *Dictionary of British politics*, 2004, p. 278.
（5）阿部齊ほか編『現代政治学小辞典〔新版〕』有斐閣、1999年、67-68頁、328頁。
（6）Cf. Ivor Jennings, *The British constitution*, 5th ed., 1965（榎原猛、千葉勇夫訳『新訂 イギリス憲法論』有信堂高文社、1981年を参照）。
（7）飯尾潤『日本の統治構造』中央公論新社、2007年、141頁。

（8）こうした最新の問題意識については、山口二郎『政権交代論』岩波書店、2009年を参照。

著者略歴

渡辺 容一郎（わたなべ よういちろう）
1967年2月 神奈川県小田原市生まれ。
日本大学大学院法学研究科博士後期課程政治学専攻満期退学。
現　在　日本大学法学部准教授（ヨーロッパ政治論、政治学）。
主要著訳書
『現代ヨーロッパの政治』（北樹出版）、『政治の世界』（共著、北樹出版）、『ヨーロッパ政治研究序説』（共著、信山社）、『統治システムの理論と実際』（共著、南窓社）ほか。

イギリス・オポジションの研究
政権交代のあり方とオポジション力

2009年8月10日　第1版第1刷　　定　価＝2800円＋税

著　者　渡辺　容一郎　ⓒ
発行人　相　良　景　行
発行所　㈲　時　潮　社

〒174-0063　東京都板橋区前野町4-62-15
電　話　03-5915-9046
ＦＡＸ　03-5970-4030
郵便振替　00190-7-741179　時潮社
ＵＲＬ　http://www.jichosha.jp
印刷・相良整版印刷　製本・武蔵製本

乱丁本・落丁本はお取り替えします。
ISBN978-4-7888-0639-9

時潮社の本

国際貿易論小史
小林　通著

Ａ５判・上製・218頁・3500円（税別）

本書は、古典派貿易論研究の出発点となる『国際分業論前史の研究』（小社刊）をさらに一歩前進させ、古典派経済学の基本的真髄に接近し、17〜18世紀イギリスにおける国際貿易理論に学説史的にアプローチする。A.スミス、D.リカードウ、J.S.ミルなど本書に登場する理論家は10人を数える。

ユーラシアの大戦略
三つの大陸横断鉄道とユーラシア・ドクトリン

浦野起央著

四六判・上製・248頁・2500円（税別）

いまや世界の激動の中心はユーラシア大陸。アジア〜ヨーロッパを鉄道が結び出現した「統一ユーラシア世界」に、日本のドクトリン「自由と繁栄の弧」はどこまで有効か？　著名な国際政治学者が、ひとつになったアジアの未来を展望する。巨大大陸の昨日・今日・明日。

A・シドニーの政体思想
自治と反乱の共和主義的政治原理

倉島　隆著

Ａ５判・箱入り上製・276頁・定価3800円（税別）

チャールズ２世の王政復古に抗し反乱を呼びかけた著名な政治家の思想を、解析検証した。思想家か政治家か、民主主義者か貴族主義者か、権力分立論者か伝統的混合政体論者か、著書は反乱目的の文書かそれとも共和制の樹立目的で書いたものか——著者の多角的分析によって、シドニーの実像が浮かび上がる。

開発政策論
ミクロ経済政策

稲葉守満著

Ａ５判・箱入り上製・506頁・定価4200円（税別）

過去30年間途上国の開発援助の問題に直接、間接に関わってきた豊富な体験に基づき編み上げた、開発ミクロ論の集大成。「途上国の人々が、人間性を喪失した生活を余儀なくされているとき、開発経済学者はまずこれら問題を解決する実践的処方箋を提示すべきである」と著者は主張する。**日大法学部叢書第22巻**